1912

A PERSONAL RECORD

康拉德手札

（首度繁體中文版）

Joseph Conrad 約瑟夫・康拉德

麥慧芬——譯

目錄

〈導讀〉

人生故事裡現身的主人翁

國立臺東大學英美語文學系副教授 鄧鴻樹

一九〇八年八月十日，英國小報《每日紀事》有篇辛辣的書評：「我們可認定康拉德在沒有祖國與母語的加持之下，已在海上為自己找到一種新的愛國情操。然而，他對人的看法是四海一家，源自一個無國無家的個人視野。倘若當初他選擇以波蘭語寫作，他的故事肯定會被翻譯成英語和其他歐洲語言。康拉德以英語寫成的作品無論多麼吸引人，我確信一定會不如從波蘭原文翻成的英文版那樣受到英國書架珍藏。」

不用期待會有人懂我

這篇書評戳到康拉德的痛處。他生於帝俄統治下的波蘭。五歲時，他父親參與反抗組織，導致全家遭受流放，短短六年間，雙親相繼過世。他十七歲前往法國當水手，開啟日後近二十年的航海生涯。他於一八八六年入籍英國，一八九四年離開船運業，在英國定居成為作家。

有波蘭文人曾公開表示，康拉德以英語寫作，好比「榨乾祖國血脈，嫁接給盎格魯撒克遜族」。他背井離鄉並以外語寫作，很清楚自己會招受來自祖國的批評。但他卻沒料到，在接納他成為移民的英國，也會有人不諒解他的人生選擇。

當時康拉德以《吉姆爺》（1900）、《諾斯楚摩》（1904）、《密探》（1907）崛起於英國文壇。這些作品有個共同主旨：每個人都有他人無從理解的「黑暗之心」。康拉德私下表示，那篇書評「單刀直入，毫不留情面」，就像「飆罵一個張口結舌的人」：「無論我該如何回應，勢必會涉及太多紊亂的心聲、喚起許多不為人知的痛楚、擾動錯綜複雜的忠誠之心。連試都不用試，根本不用期待會有人懂我。」

那段時期，康拉德遇上寫作瓶頸，書評的攻訐雪上加霜，令他無心寫作。有位友人因此提議，要他寫一部回憶錄以正視聽。一九〇八年九月，康拉德對經紀人提出構想：「要寫些隨筆，有關私事之類的自傳性題材，或許日後會以『人生與藝術』為題出書。」寫作過程並未如原先所想的順利。同年十月，康拉德對經紀人透露：「要讓波蘭人生融入英國文學，這個雄心絕非小事一樁。」

一九〇八年十二月至一九〇九年六月，康拉德回憶錄分七期連載於《英語評論》（主編就是那位友人），並於一九一二年一月集結成書。他最後完成一部極不典型的回憶錄，以迂迴的敘事回應外界對他的好奇：他成為作家前過著怎樣的生活？為何會改行以英語專職寫作？他到底是一個怎樣的人？

一名追求創作目標的藝術者

康拉德回憶錄並非功成名就的告白，而是捍衛自我尊嚴的藝術宣言。因此，一股湧動的心潮貫穿全書。

他開宗明義指出，一位作家有時會不敵「墮落之力」，寫出「虛情假意」的東西以搏得外界認可。康拉德鄭重表示，自己絕非這種人。他寫道：

「在文字寫作的領域中，我唯一的追求，始終只有一個至美的類型，除此之外，別無所求——這個信念從船上的甲板歲月，到書桌前愈加侷限的空間，從未更變。也正因為這一個堅持，我想，在言語難以表達的純美學人士眼中，自己已然成為永遠都有缺陷的作者。」

他認為創作者必須「配得上他所堅持的情感」。藝術是良心的創作，因此，「我們尤其不能責備一名追求創作目標的藝術者」。

康拉德希望他的回憶錄「最終可以呈現出對一個人的想像」。雖然此人在虛構世界與現實生活各有分身，兩種身分卻「存在著根本性的差異」；「在出身與行動中，兩者卻又擁有個性上的一致與合理性」。

他以首部小說的寫作過程為主軸，勾勒出自己人生故事的脈絡。童年回憶、家族軼事、入行跑船、成為船長等經歷，化作一連串蒙太奇情節，戲劇性地呈現他的人生「兩次明顯不同的發展」。全書穿插各種難忘的「第一次」與「最後一次」，捕捉自我懷疑與自我發現所激發的感悟。

康拉德無意完成一部自我辯解的作品。他默默咀嚼不堪回首的往事，暗地裡獨自圍堵回憶在心底激起的波瀾。國破家亡的悲情籠罩全書，他人生意外連連，宛若一部值得憐憫的悲劇。他暗示，自己從不期盼有人可憐他，他從未在悲情裡迷失自我：

「對我而言，光是說：我活過就已足夠……一如我所理解，我們大多數人都設法生存，與各種不同型態的毀滅，僅離了毫釐的距離。我保存了自己的生命，這一點很明顯，或許也保住了自己的靈魂，然而良知的美好外緣卻處處都留下了損傷，時代、種族、群體、家庭的傳承之物，似是而非又不真實，全是由文字、外貌、行為，甚至圍繞在某人童年的沉默與避讓所組成；那是一種沾染了傳承的傳統、信仰或偏見的全方位陰謀，滿是縝密的陰暗與粗野的色彩——莫名其妙、專制，卻又具說服力，而且結構往往很浪漫。」

言下之意，康拉德認為自己的曲折人生就是藝術人生的浪漫體現。「只有在人的想像中，每一個真理才能找到一個切實，卻又不容否認的立身之處。不論是藝術抑或生活，想像，而非虛構，始終都是無上至尊的存在」。文字藝術成為他的歸宿：「每一種靈感都有其理性的存在，每一個類型的藝術者，都能夠找到適得其所之處」。

一九一二年四月十五日，康拉德回憶錄出版後三個月，英籍郵輪鐵達尼號發生沉船事故。這艘巨輪稱號「永不沉沒」，沒想到首航期間撞上冰山，不到三小時就在海底成為悲慘的鋼鐵殘骸。船員出身的康拉德再度體認命運之無可掌控，因為，隨船沉入海中的，還包括他的手稿。

康拉德寫作回憶錄期間，遲遲無法完成《在西方眼界下》（1911），生活陷入困境，只好向經紀人尋求經濟援助。康拉德已有多次欠稿的不良紀錄，與經紀人的關係早有芥蒂。一九一〇年初，康拉德請求預支稿費，協商時大動肝火。經紀人氣頭上居然叫作家要「講英語」，康拉德深感受辱。

殘酷的現實迫使作家忍痛出售手稿，以換取生活費。當時紐約有位藏書家特別偏愛他的作品，鐵達尼號運送的郵件裡，其中有件包裹恰好就是來自作家的珍稿。這篇名為《柯瑞恩：一段往事》（1897）的短篇故事，描寫現實與回憶的糾結，奠定他日後寫作的主題。

生活費沉入大海的插曲，如同康拉德人生其他陰錯陽差的轉折，讓他學習要如何在人生的駭浪裡「永不沉沒」。快被命運吞噬之際，他謹記初衷，懷抱「浪漫的情緒」激勵自己：「絕對不能毀了自己的生活」。

《康拉德手札》是他唯一一部沒有扉頁獻詞的作品。肯定還有一個真正的「他」不願在現實世界曝光。不過，本書刻劃他的各種分身，皆以不同面貌掙脫往事的漩渦；他們的目光共同指向一名呼之欲出的主人翁。這名主角雖然在自己的人生故事裡缺席，卻早已現身於作家寫下的千百頁故事裡，在遙遠的異域落地生根。

似曾相識的作者序

一般來說，我們並不希望外界過度鼓勵我們談論自己。但是這本小書是源於一個友善的建議，甚至加上一點友情施壓的結果。我也曾鬥志相當高昂地為自己辯護，然而這個友誼之聲卻頑強堅持的說，「你要知道，你真的必須這麼做。」

這場溝通並非爭辯，不過我立刻就屈服了。如果真的必須這麼做的話……

大家都感受得到文字的力量。想要說服他人，要仰賴的不應該是正確的論據，應該是正確的文字。聲音的力量永遠要比感官強大。我這麼說，並沒有貶抑之意。對人類而言，容易受影響要比思考好。任何在人道上偉大又了不起的東西——我指的是影響整個生命體的東西——沒有一個源於思考。

另一方面，大家也不能忽視純粹的文字力量；譬如**榮耀**（Glory）這個詞，又或者像**憐憫**（Pity）這個詞。我不打算舉更多的例子，因為這樣的例子俯仰皆可拾。這兩個詞彙以堅持不懈、熱情又篤定的態度叫囂，僅憑著字音就足以撼動全國的行動力，在我們整個社會架構賴以維繫的那塊乾涸、堅硬的土地上，捲起天地翻覆的風雲。也可以說這兩個詞彙對我們甚至還有「高尚品德」的成分！……當然，說這兩個詞彙時的語氣要特別注意，要用正確的語調，這一點非常重要。充足的肺活量、聲帶要如雷鳴般震撼或清柔地撫觸。千萬別跟我談你的阿基米德槓桿原理。

阿基米德就是個除了數學想像力外，萬事不過心的傢伙。不論站在哪個面向，我對數學都一直抱持著肅然起敬的態度，但是引擎於我無用。給我正確的字詞和正確的語調，我就可以翻轉世界。

這簡直就是作家夢寐以求的境界！因為書寫的文字，也有文字的語調。是真的！只要能找到正確的詞彙，所有哀嘆與狂喜的殘骸，自從希望與不朽降臨世間的那天，就存在於人間，而正確的詞彙必然散落其中。正確的詞彙或許就在某處，近在眼前卻見面不相識，又或者神隱其蹤，卻原來就在垂手之處。令人遺憾的事情，找不到就是找不到。我相信一定有人第一次嘗試，就能在一大捆乾草裡準確的找到一根針。至於我自己，從來沒有這樣的運氣。

再說，還有語氣的問題。這是另一個難題。在文字公開發聲之前，誰來決定語調的正確或錯誤，才不會讓文字淪落到大家聽而不覺，又或者無疾而終，對世界沒有帶來任何影響的地步？

從前有一位君王，他是智者，也是文學家。他在象牙板上記下各種想法、格言以及反思，為後人留存了啟迪教益的機會。在他眾多的言論當中，我記得這句嚴肅的忠告是這麼說的（純就我的記憶引據內容）：「願汝等所有話語都擁有英雄真理的語調。」

英雄真理的語調！這當然非常好，但在我看來，一位嚴肅的君王寫下宏大的建言，是舉手之勞的事。這個世界上大多數有用的真理，其實毫不起眼，並不具備英雄特質；何況人類歷史曾數度目睹英雄真理的語調，除了把世界變成了一次次的笑柄外，沒有任何其他建樹。

沒有人會期待在這本小書中，找到影響力非凡的文字，或無法抗拒的英雄主義語調。只不過，即使有損自尊，我也必須承認馬可．奧理略（Marcus Aurelius）[1]的忠告

1. 馬可．奧理略（Marcus Aurelius）：一二一～一八〇，一六一年繼位為古羅馬帝國皇帝，直至去世，是羅馬五賢王（Five Good Emperors）的最後一位，也是斯多噶學派哲學家，著有《沉思錄》（*The Meditations*），有哲學家皇帝的美譽。

並不適合我。他的忠告更適合道德家，而非藝術者。我可以承諾給各位讀者的，只有最樸實的那種真理，以及我的一顆赤誠之心。這種完整、值得讚揚的誠心，儘管等於把自己也送到敵人手中，卻很可能不會讓自己與朋友陷入齟齬。

「齟齬」所表達的意義或許太過強烈。不論敵人或朋友，我都無法想像一個除了只想與我吵架，沒有其他事情可做的人。「讓朋友失望」大概比較貼近我的想法。

在我生命中的寫作階段，大多數、幾乎所有的友誼之船，都是因為我的著作而向我駛來；我很清楚小說作者就活在自己的作品中。他佇立在想像的事物、事件與人物當中，他是虛構世界中唯一的真實存在。他在描寫想像的事物、事件與人物時，其實就是在描寫自己，只不過揭露的自己並不完整。在一定程度上，小說作者始終位於面紗之後；他是個眾人懷疑的存在，而非讀者眼見為實的人——他是小說簾幕之後的動作與聲音。

這本個人札記中並沒有這樣的簾幕。我不禁想起《效法基督》（*The Imitation of Christ*）[2]中的一段話，那位對生命有深刻瞭解的苦行修道作者說，「有些人因聲譽而受人敬重，然而他們本身的出現，卻讓人設徹底崩壞。」這就是小說作者毫不偽裝的開始談論自己時，會面臨的危機。有人從經濟的角度，對我連續拋出懷舊內容的作為，提出了抗議；就好像這樣的寫作方式，是一種自我放任的形式，浪費了未來創作實質內容，在昭告自己已江郎才盡。

確實，一個在三十六歲之前沒有出版過一行字的傢伙，不應該有底氣高看自己的存在或經驗、自己思想、整體感覺或感情的總結；也不應該有底氣高看自己的回憶、悔恨或擁有的過去，因為他手上的材料就只有這麼多。

大概在三年前，我出版了《大海如鏡》（*The Mirror of the Sea*），這是一本感想與回憶之書，大家當時的評論就是這樣。那些都是切合實際的評論。

但是說實話，我一直都不知道大眾評論所建議的那種節約狀態是什麼。我想要向大海致敬，向海上的船隻、船隻上的人員，向所有讓我之所以成為今天的我的那些人致敬。一路走來，我欠了他們太多，對我來說，這是我可以感謝他們庇護的唯一方式。而我內心對這樣的作法，也沒有絲毫懷疑。或許因為我是個很糟糕的經濟學家

2.《效法基督》（*The Imitation of Christ*）：中古世紀後期由神聖羅馬帝國的天主教神父湯瑪斯・金碧士（Thomas A. Kempis）於大約一四一八～一四二七年完成的著作，是一本基督教運動的靈修生活手冊，據稱是除聖經以外，在基督教徒間流傳最廣的著作。

吧，但我確實就是如此地無可救藥。

在海洋這種特殊環境與生活中成長的我，對於造就了自己過去的一切要素，都有種不尋常的虔誠之情；海洋生活的一切是如此鮮活，感染力是如此直接，而它要求的各類義務，也全都可以用與海洋召喚之力不相上下的青春與體力，天生蘊含的高昂之情來應對。這樣的生活不會有任何擾亂年輕良心的東西，與我仍然保留的自然情感相距甚遠，甚至在某種程度上疏遠了。我可以肯定地說，由於環境的盲目力量，海洋將成為我的整個世界，商業服務將成為我在很長一段時間裡唯一的家。

在那一場湧至自四面八方的責難暴風雨襲擊下，而且絲毫不給我任何發表意見權利，我斷離了自己的出生地。而遙遠的距離，也讓我捨棄了依然滯留在心中的那份親情，而海洋生活那完全無法理解的特質，不但神祕的引誘我悖離忠誠，甚至讓我對那份親情產生了幾分疏離。我可以自信滿滿的說，藉由環境中這股見不到的力量，海洋成了我的全世界，而海上貿易則成了我連續多年間唯一的一個家。也因此，我水到渠成地在之前發表了兩本只談論海洋的書，《水仙號的黑水手》（*The Nigger of the Narcissus*）與《大海如鏡》（還有《青春》〔*Youth*〕、《颱風》〔*Typhoon*〕等幾篇短篇故事），我試著以近乎盡孝的態度去呈現偉大的海洋世界、長久以來橫渡大海孤寂的樸實人們的內心，以及那些似乎以船為家的某種感知物體——我寫的就是這些掌握在船舶手中的生物，以及受到船舶照顧的對象。

一個人的文學生命必須頻繁地變更方向，讓記憶得以存續，尋找與陰影對話的機會。除非他下定決心寫作只為了重新證明人類的本質，或讚美人類不具備的特性，抑或——普遍來說——教導人類如何循規蹈矩而寫作。我不愛吵架，不會巴結，也沒有睿智的頭腦，這些事我都沒有做過。我打算平靜地容忍那些非好事者，提出的雞毛蒜皮。然而，聽之任之，並非毫不在意，我不願意成為眾人眼中，只會站在岸邊的一名旁觀者，眼睜睜看著承載著如此多生命的大河，不斷向前奔流。我會欣然宣稱，自己擁有許多深刻的見解，並具備以深刻同理心及惻隱心的聲音，表達這些見解的能力。

在我看來，至少有一股權威的批評勢力，認為我是個不帶感情、冷淡看待事實的傢伙，也就是法國人所說的**冷酷無情**（secheresse du coeur）。面對榮辱，十五年來，我從未打破過沉默，足以證明我對批評的尊重。批評是文學園地中自我表達的美好花朵。然而，現在這些批評更偏向於個人，涉及到了作品背後的人，並可能進而暗示一部寫給眾人的作品，作者卻在字裡行間留白處，抒發個人主張。我並不是說自己感覺受到了傷害，我這樣的指控——如果這樣也算指控——是以最周延的形式以及遺憾的口吻提出。

我的回答是，如果每部小說都涵蓋了自傳元素的這個說法為真——這一點幾乎無法否認，畢竟創作者只能在他的作品中表達自己——那麼我們當中有部分人認為公開表露情緒，是令人反感的行為。我不會過分讚揚克制這個德行。這種表現往往都是脾性使然，但是克制並非必然代表冷靜自持，也可能是自尊。天底下最丟臉的事，大概就是看到一個人的情緒箭頭失去準的，錯過了原本設定的歡笑或淚水標的。沒有比這個更丟臉的事了！正因為如此，如果公開表露的情緒未能感動讀者大眾，也就是設定的靶心未能一擊而中，這樣的作法就應該在眾人的厭惡或鄙視中，無可避免地滅亡。在面對只有傻瓜才勇往直前、只有天才才有膽量迎戰上前，並免受責難的風險時，沒有藝術者會因為閃避這樣的風險，而受到苛責。當某人的主要工作內容，或多或少是要把自己的靈魂攤在世界眼前時，對於體面的尊重，即使是以成功為代價，也只是對自己尊嚴的尊重，而這份尊嚴又與個人作品的尊嚴無可分割。

也因此——對這個世界，我很難產生完全的喜悅或悲傷之情。喜劇，只要蘊含了人性，很快就會自動換上一張痛苦的臉孔；而我們的一些悲傷（就只有一些，不是全部，因為正是承受苦難的能力，才成就出眾人眼中的令人敬畏之者）則是源於大家必須帶著熱情的微笑去承認的弱點，因為這些弱點是我們所有人共同繼承之物。這個世界，喜悅與悲傷交錯，兩種情緒的型態與涓涓點滴，在人生暮年彼此交揉，神祕地猶如一片烏雲籠罩的海洋，然而遠處卻又同時存在著燦爛奪目的至高希望，迷人且平靜，就這麼待在遙遠的地平線邊緣。

是的！我也希望手握魔杖，隨心所欲地指揮歡笑與淚水，這兩樣被認為是虛構文學最高境界的情緒。只不過，要成為一位偉大的魔法師，必須先放棄自我，臣服於那些神祕的、不負責任的力量之下，不論是外在的或內心的力量。大家都聽說過，頭腦簡單的人為了愛情或權勢，將靈魂出賣給怪誕魔鬼之說。即使是最平庸的智慧，不需要深思，就該知道任何這類的事情，必然是傻子才會捲入的交易。我不會因為不喜與懷疑這類的交易，就宣稱自己擁有某方面的智慧。

或許我天生的個性受到海上訓練的影響，認定了要緊緊抓住的，是真正屬於自己的東西。但事實是：我非常害怕失去對自我的完全掌握，甚至是一個令人感動的時刻也不例外，因為自我正是提供優質服務的首要條件。從早期到後來的生活，我一直堅守著優質服務的主張。在文字寫作的領域中，我唯一的追求，始終只有一個至美的類型，除此之外，別無所求——這個信念從船上的甲板歲月，到愈加侷限的書桌空間，從未更變。也正因為這一個堅持，我想，在言語難以表達的純粹美學人士眼中，自己已然成為永遠都有缺陷的作者。

如同政治行為一樣，在文學活動中，一個人之所以贏得朋友，主要是憑藉著自己偏見的熱情，以及對於狹隘觀點的堅持。然而我始終無法因為某些普遍原則的不同看法，而去愛不值得愛的人事物，或去恨並不可恨的人事物。大家是否有勇氣承認這一點，我不知道。經過了人生中途的方向變更，不論危險與歡樂，我們都以平常心待之。

所以我要平靜地聲明，在將情緒發揮到極致的努力過程中，我其實一直在質疑，是否存在著虛情假意的墮落之力。為了深深感動他人，我們必須刻意放任自己忘乎所以，跨過自己正常的情感底線——或許是因為過於天真吧，也跨過了必要的底線，猶如演員在舞台上刻意提高音量，高於正常對話的音調——儘管如此，我們依然必須這麼做。這當然不是什麼大不了的罪惡。然而，如此一來，危機於焉生成。作者成了自己浮誇其詞的受害者，失去了確切的真誠主張，直到最後鄙視真實，因為對於他所要達到的目的而言，真實過於冷酷、直率——事實上，就像是真實似乎根本配不上他所堅持的情感。結果歡笑與淚水輕易就畫虎類犬，沉淪為抽泣與竊笑。

這些觀點看似自私，但在健全的道德觀之下，沒有人可以譴責捍衛個人操守之人。這是他責無旁貸的義務。我們尤其不能責備一名追求創作目標的藝術者，不論他的創過程是如何的平庸與不完美。在藝術者的內在世界裡，他的思想與情感所追尋的，是想像出來的奇遇經歷；這個世界沒有警察、沒有律法、沒有環境壓力，也沒有對他人看法的恐懼，以致讓他束手綁腳地不敢跨越雷池一步。在這個世界裡，藝術者除了自己的良心外，還有誰可以讓他拒絕面前的誘惑呢？

再說——記住，當下的此刻，這是完全公開的討論——我認為除了那些把人類的苦痛與輕易受騙特質，當做向上攀爬助力之人，任何人的任何雄心壯志，都在法理之內。一切的智識與藝術抱負，只要恪守謹慎的清明範圍界限，甚至超過這個界限，都可以接受。這樣的鴻鵠之志，傷害不了任何人。然而如果目標瘋狂，那麼藝術家的景況也只會更糟。

確實，一如眾人對於美德的評論，這樣的抱負與野心本身就是獎賞。但是，這樣的情境難道不正是一個非常瘋狂的假設嗎？相信自己藝術的無上權力，並在自己作品中，以更深刻的訴求，以其他認可這種信仰的手段、方式去嘗試。努力深入人心，並不是麻木不仁。有心的歷史學家不同於感情至上的歷史學家，但是他卻能看得更透澈、更長遠，就算他可能有所克制，他的目標卻是觸及歡笑與淚水的核心之源。觀察人類事件值得敬佩與同情，人類經歷的事件也值得尊重。有心的歷史學家並非麻木不仁，他以含蓄的態度，對人類所經歷的事件發出嘆息而不啜泣，展現微笑卻不幸災樂禍。那是一種認命，不是神祕主義，也不是毫不關心的抽離，那是從愛出發的一種心知肚明、有意識，瞭解來龍去脈的認命，那是我們唯一不可能變成虛偽的一種情感。

我並不是覺得認命就是智慧的最終陳述。我的時代對我影響過鉅，所以不可能那麼想。然而我認為得當的智慧，或許是在不確定神祇的想法時，或甚至根本無法釐清神祇是否擁有屬於他們自己的想法時，滿足神祇所願。就藝術與生命這件事情而言，我們快樂的**原因**遠不如**如何得到**快樂重要。一如法國人說，「船到橋頭自然直」(Il y a toujours la maniere)。一點都沒錯。的確，還有態度這件事。歡笑、淚水、諷刺、憤慨與熱情、評斷，甚至愛情，各有其態度。猶如每張臉孔的五官與特色，對那些知道如何看待自己同道者之人，他們的態度就預告了他們內心的真實。

閱讀過我作品的人都知道我的觀點，我認為這個世界，這個世俗的世界，仰賴著少數幾個非常簡單的概念；這些概念如此簡單，必然像山丘一樣古老。其中，**忠貞**這個概念尤其受到重視。在一個無事不可變革、變革手段層出不窮，而且不變革就無法期待獲致太多注意的時代，我的寫作一直沒有經過變革的過程。其實變革的精神在寫作的領域極其好用，可以讓人在思想層面擺脫所有的桎梏。然而我卻打從心底厭惡這種堅定不移又絕對的樂觀本質，因為這樣的變革精神，挾裹著狂熱與偏狹的威脅。無庸置疑，大家對這種事情應該一笑置之；但是話說回來，我既非完美的審美者，也不是更優於他人的哲學家。

一切對特定正當性的主張，都會喚醒我的警覺心，提醒我，應該杜絕出於鄙視與危險的哲學思想……

試著溝通對話，我擔心只會讓自己變得更加不著邊際。我向來不擅長對話的藝術——就我瞭解，這項藝術現在應該已經失傳。年輕時，也就是一個人的嗜好與個性正在成形之時，我很習慣長時間沉默。唯有對話的聲音能打破這種沉默。沒有，我一直沒有養成對話的嗜好。現在這樣的離題漫談，與之後寥寥數頁的內容，並非毫無關連。後續的內容，也同樣滿是這樣的漫談，只不過沒有依照時間順序排列（這樣做本身就是罪行），形式上也沒有遵循傳統（實在是不當的行為）。曾經有人嚴正地對我說，大眾對我記事的隨性特質，會報以不悅的看法。

「唉！」我稍稍地提出了抗議。「難道我應該以『我生於某日某地』，這種猶如聖禮式的內容開始嗎？這類侷限性的疏遠感，必將剝奪所有趣味性的陳述。我從未經歷過值得個別敘述的神奇冒險事件，不認識任何可以說三道四的傑出人士，也從未涉入任何重大事件或醜聞。這篇作品不過是一小段心理分析的紀錄，而且即使如此，我也沒有把這篇作品看成是我對自己的任何論斷。」

但是勸說我的人並未因此得到安撫。這些都是棄筆的絕佳理由——不是為了捍衛已經寫出來的東西，對方這麼說。我承認幾乎所有事物，世界上所有的事物，都可以當成棄筆的絕佳理由。但是我既然完成了作品，那麼我能為這些作品做的辯護，就只有當初在寫下這些追憶的記事時，根本沒有想過建立慣例這回事，然而這些內容卻也沒有擺脫體制與目的。

這些作品擁有屬於他們自己的希望與目標；希望透過閱讀這些內容，最終可以呈現出對一個人的想像；這個人與諸如《奧邁耶的癡夢》（*Almaye's Folly*）、《密探》（*The Secret Agent*）等作品背後的人，存在著根本性的差異，然而在出身與行動中，兩者卻又擁有個性上的一致與合理性。這就是這部作品的希望。這部作品最重要的目的，與其希望緊緊相連，我連結起當初自己在撰寫第一本書、與大海初次接觸時的感覺與感動，透過忠實的呈現，提供個人回憶的記事。

在這種刻意交揉的雙重張力作用下，身處各地的朋友或許可以察覺到一種微妙的和諧性。

J. C. K. [3]

3. 康拉德的波蘭名為Józef Teodor Konrad Korzeniowski，此處的縮寫是他的英文名字（Joseph Conrad）與波蘭姓氏的結合。一般認為是他認同「雙重姓」的呈現。

第一章

無處不是寫作地。小鎮中某條河水快速結凍的休工期間，文字的靈感很可能就這麼闖進停泊在河上的船上水手腦中：由於聖人理應仁慈地旁觀著渺小的信徒，我於是放任自己沉陷於愉悅的幻想中，想像著老福婁拜（Flaubert）的影子——他曾想像自己是個（先不提其他）維京人的後裔——可能興趣盎然地盤旋於受困在嚴冬惡劣天候中、停靠在盧昂碼頭的這艘名為「阿朵瓦」（Adowa）的兩千噸輪船之上，在這艘船上，《奧邁耶的癡夢》的第十章已經開始了。我興致頗高，唉，福婁拜這個大鬍子又聲如雷鳴的諾曼巨人，難道不是最後的浪漫主義藝術家嗎？超脫塵世，近乎苦行修道的他，一心只為自己的藝術付出，他難道不是聖人般的文學隱士嗎？

「『終於落下去了，』妮娜指著山丘，對她的母親這麼說。山丘後的太陽已然落下。」……奧邁耶的浪漫女兒所說的這些話，我記得當時是在自己床位的毯子上那本泛著灰色的筆記紙頁間寫下來的。參考的是馬來島嶼的落日，相關的景象在我腦中自動成形，北半球一個遠離商業卻又饒富浪漫色彩的小鎮，在一片叢林、河流與海洋的虛幻景象中呈現。然而就在這一刻，景象與文字所建構出來的情緒，卻因為三副戛然而止。

三副是個快樂隨性的年輕人，他邊敲門邊大聲呼叫：「你倒是把這兒弄得愜意暖和啊。」

我在漏水的水龍頭下方放了一個罐子後，打開了蒸汽加熱器——因為也許你不知道水會洩漏，而蒸汽不會洩漏。的確暖和。我打開了蒸汽暖氣，並在之前漏水的給水拴下面放了一個錫罐，或許沒人知道不漏蒸汽的地方會漏水。我不清楚這位年輕人一整個早上都在甲板上做些什麼，但是他大力搓揉的雙手非常紅，只是看著他那雙手，我就有了寒冷的感覺。在我認識的人裡，他是唯一會彈斑鳩琴的人，也是一位退休上校的小兒子。因為某種聯想的怪異錯亂，我總覺得吉卜林先生的詩作，就是以這位上校為對象所產生的獨特視野而作成。年輕的三副不彈斑鳩琴的時候，喜歡就那麼坐著，注視著他的琴。他持續著他的感性檢視，然後在我的沉默凝視下，他對琴弦冥思了一會兒後，漫不經心地開口問：

「可以問嗎？你老是塗塗寫寫地寫些什麼啊？」

這是個挺合理的問題。不過我並沒有回答他，只是以直覺性的守密動作，闔上了筆記本：我不可能告訴他，妮娜．奧邁耶的心理狀態、第十章的開場台詞，還有奧邁耶太太在一個不祥即將降臨之際的炎熱夜晚，即將脫口而出的睿智之言，全都因為他而落荒逃竄。我不可能告訴他，妮娜曾說過，「終於落下去了。」如果真的告訴他這些，他可能會非常驚訝，甚至還可能摔了他寶貝的斑鳩琴。我也不可能告訴他，就算我寫下的文字，是在描述熱血青年一心追求渴望所表現出的焦躁與不耐，我自己的出海之陽也將下山。當時的我，並不知道他是個非常優秀的年輕人，而且以我們彼此的職位來說，他對我的尊重，超過了他應守的分際，不過就算是這樣，我相信即使他知道，也不會在乎。

他垂眼注視著他的斑鳩琴，我的視線則穿過舷窗投向了船外。銅框的圓口中，是碼頭的一片碎景，木桶排排站在冰凍的地上，還看得到一輛貨運馬車的車尾。身穿襯衫、頭戴羊毛睡帽的紅鼻子車夫，正倚著車輪。一名海關警衛無所事事地緩步閒晃，他在藍色毛料的連帽長大衣外繫上了皮帶，因為待在惡劣天候裡，再加上公務的單調乏味，整個人散發出一種抑鬱的氣氛。作為背景的污髒房舍，也在我的舷窗相框中佔了一席之地，這些屋子在被冰凍的泥濘染成棕色的碼頭上，就這麼橫出了一大片。觸目所及的色彩，都陰沉沉的，最顯眼的景象是一家拉上了窗簾的小咖啡館，破舊的白色木作前門區，與棲居在河邊那些更加窮困區域的髒亂，相互輝映。

我們是從歌劇院附近的另一個停泊位置，移轉到這兒來的。在那裡，同一個舷窗呈現給我的是完全不同的另一種咖啡館景色，那是小鎮上最好的咖啡館。我相信，諸如包法利（Bovary）與他那位滿懷浪漫、父親是老雷諾（Renault）的夫人這樣重要的人，在一起欣賞完了以明快的音樂色彩演繹的歌劇《拉美莫爾的露琪亞》（Lucia di Lammermoor），即使悲劇故事令人難忘，也會去這家咖啡館用些茶點。

我再也想不起來那些自己必然希望再見的東方群島幻象了。那天，《奧邁耶的癡夢》就這麼被拋到了枕頭之下。我不知道什麼樣的工作可以讓我與這個故事保持距離；事實上，當時我們在那艘船上，過的就是沉思的生活。我不會論及自己的特權職務。我在船上「只是在盡義務」，一如久負盛名的演員也可能為了幫助朋友的戲劇，而出演一個微不足道的角色那樣。

若純就我的感受來說，在當時的那個情況下，我並不希望待在那艘輪船上。或者應該說，那艘船根本就不像一艘正常情況的船「想要」一名船副的那樣需要我。我所服務的船東對我的顧慮毫無所知，實在是我的海上生活第一次、也是最後一次遭遇的情況。我所說的船東，並不是指知名的倫敦船舶經紀公司，他們把這艘船租給了法加交通公司（Franco-Canadian Transport Company），我實在不願意用「短命」這兩個字，但這家公司確實轉瞬即逝。

消亡總是會留下一些東西，但是法加交通卻沒有留下任何有形的資產。這家公司的茁壯時間比玫瑰的花期還短，也不像玫瑰在冬天最寒冷的時候開花，散發出冒險的淡淡香氣，到了春天來臨前才凋萎。但是法加交通的確是一家公司，毋庸置疑，甚至還有自己的公司旗幟，全白的旗子上面只有四個字母「F. C. T. C.」，以複雜的花押字巧妙地纏繞在一起。我們讓公司的旗子飄揚在主桅上，而我現在已經可以下結論了，那是當時絕無僅有的一面旗。許多天以來，大家都以為我們是大規模船隊的一員，在船上的我們也這樣認為。每兩週發船前往蒙特婁與魁北克，就像我們出發來法國盧昂前，在倫敦皇家維多利亞碼頭上，以大包裹送上船的宣傳單與簡介上的廣告內容一樣。法加交通鮮為人知的企業生命裡藏著一個祕密，就在我職業生涯中最後的這份工作，說遠一點，阻礙了妮娜．奧邁耶故事的發展節奏。

倫敦船長協會（London Shipmasters' Society）位於芬喬奇街（Fenchurch Street），有幾間簡樸的辦公室，當時協會祕書長的活動力始終維持在最高點，而且他對自己的工作也總是付出最大心力。我最後一次與船隻牽扯上關連，就來自他的緣故。我之所以用「關連」這兩個字，是因為那次根本稱不上「出海經驗」。

親愛的佛洛德船長[4]——即使相隔這麼多年，仍然無法不向他致上熟悉的親近之情——對商業船隊整體船副組織的知識與地位提升，擁有非常睿智的見解。他為我們安排專業演講、聖約翰救護（St. John Ambulance）課程，並就攸關商業船隊服務權益的議題，勤奮地與公共機構以及國會議員對應；至於一些關於海上以及船員工作即將面臨的調查或工作委託，他也一向都是站在我們全體的立場，竭盡所能地協助，佛洛德船長實在是老天的恩賜。

除了這種高度的工作責任感外，佛洛德船長還擁有屬於他自己的溫和特質，一種竭盡所能為從事船長這門行業的個人奉獻的強烈性格。佛洛德船長在他那個年代，他自己就是這個行業中極其出色的佼佼者。對於船員而言，還有什麼會比幫他們找到工作更善心的行為？佛洛德船長除了普遍性地維護我們的權益之外，在他眼中，船長協會私下成為最高階海上工作人員的職業介紹所，根本就沒有什麼不對。

4. 佛洛德船長（Froud Captain）：Albert George Froud，一八三一～一九〇一，康拉德文中提到的倫敦船長協會祕書長，在一八八〇年代，康拉德時常去他的辦公室拜訪。

「我正試著說服所有的大型船公司到我們這兒來找人。我們協會完全沒有工會那種意識，所以我一點都不覺得這麼做有什麼不妥。」他有次這麼對我說。「同時，我對船長們也一再強調，一切都要公平，他們應該要優先考慮協會的成員。在我這個位置，一般都可以從我們的會員或合作的成員中，幫他們找到他們需要的人。」

我在倫敦從西邊徘徊到東邊，又從東邊再晃回西邊的那段期間（當時我根本找不到工作），芬喬奇街的那兩間小辦公室，就像我的歇息處，是我渴望能有杯茶喝的地方，也是我的心靈能感覺到貼近船舶、人群，以及船員所選擇的生活之處——在這個硬梆梆的地球上，其他沒有任何地方可以給我更貼近那種生活的感覺了。往往到了下午五點左右，我的這個休憩地就填滿了人，充斥著菸草的煙霧。佛洛德船長將那間較小的屋子當做自己的辦公室，並在那兒安排個人面試，主要目的都是為了提供服務。就這樣，在一個陰暗的十一月下午，他曲著手指招呼我進去他的辦公室，當時他從眼鏡上方流露出來的獨特眼神，或許是我對他最深刻的真實記憶。

「我這裡有位船長，今天早上來的，」他走回他的辦公桌後，同時示意我坐下。「他需要一名船副。是一艘輪船。你知道，沒有什麼事情會比有人開口要人，更讓我開心了。不過，遺憾的是，我不太知道……」

辦公室外面已經擠滿了人，我疑惑地看了看緊閉的門；但他搖了搖頭。

「噢，沒錯，我理應開心的把這個職位提供給外面的其中一人，但是，這位船長需要一個可以說流利法文的船副，這一點讓我很難找人。除了你之外，我不認識其他會說法文的人。這是個二副的缺，當然，你不會在乎……你現在會在乎這個嗎？我知道這並不是你要找的工作。」

的確不是。那時的我早已放任自己成為一個幽靈般的人物，整日除了搜索枯腸，捕捉腦中的文字幻象外，完全無所事事。但是我也承認，光看外表，我的確像是可以勝任法國公司所租賃的輪船二副職位。我沒有顯露出絲毫跡象，讓大家知道妮娜的命運與熱帶叢林的低語，其實一直在不斷地騷擾著我；甚至我對奧邁耶（一個個性懦弱的傢伙）的親密交流，也沒有在表情上顯現出一點可見的痕跡。多年來，奧邁耶以及他的故事，始終伴隨著我的想像力，但是完全沒有，我希望沒有，損及我對海洋生活現實的應對能力。當年從東方海域返程時，奧邁耶與他周遭的一切就緊跟在我身邊，直到我開口敘述，中間隔了大約四年。

奧邁耶的世界從倫敦皮姆利科（Pimlico）一個廣場內，某間附帶家具的公寓客廳中，開始以一種迥異於我們之前互相真正交流的鮮活與強烈感，再次復活。我放任自己在岸上待了很長時間，而每天早上必須找些事情打發時間之際，奧邁耶（老友）都會慨然出手救助。

自然而然地，奧邁耶的妻女很快的就與他一起出現在我的桌邊，然後整個班台（Pantai）區的人，全部都活靈活現又說又比地跟著現身。我那位體面的房東太太對此一無所知。我例行地在早餐後就直接熱情地招待馬來人、阿拉伯人與歐亞混血後代，他們不會因為想獲得我的注意力而大喊大叫。他們的到臨，帶著一種沉靜卻令人無法拒絕的訴求。這個訴求，我必須在此聲明，不是為了要迎合我的自我讚賞或虛榮。現在看來，這種訴求似乎具有一種道德的特質，否則除非是一種聚集了世上所有希望與恐懼於一體的神祕團體關係外，這些沐浴在陽光中卻模糊存在的人物記憶，為什麼會要求以小說的形式自我表達？

我並未以喧鬧、興高采烈的態度招待自己的這些訪客，也沒有將他們看成是可以為我帶來任何禮物、利益或名聲的人。當我坐在位於貝爾格拉維亞（Belgravia）某個衰敗區域的桌子前寫作時，我的眼前並沒有出現一本印製好的作品。多年過去，每次拿筆都會留下紙頁緩緩變黑的證據。我可以誠實的說，那是一種近似悲憫的感性，促使我透過精心推敲出來的文字，呈現出久遠以前的事件記憶，以及曾經生活過的人。

話說回來，在佛洛德船長面前，以及他絕對不能讓船東與船長失望的頑固概念之下，我不太可能辜負他的雄心抱負——幾個小時的臨時通知後，就找到符合會說法文需求的船副人選。佛洛德船長向我解釋，那艘船是由一家法國公司租賃，該公司有意建立一條航線，每個月固定從盧昂載運法國移民出發到加拿大。不過說實話，我對這種事情沒有太大的興趣。我嚴肅地表示，如果這件事真的攸關船長協會的信譽維繫問題，我會考慮。不過，我說考慮也只是在故作姿態。

第二天，我與船長見了面，我相信我們對彼此都留下了不錯的印象。那位船長說他的大副是個各方面都很優秀的人，所以他不可能因為要給我最高的職位，而解雇他；不過在商言商，如果我同意接受二副的職位，他也會給我一些特殊的待遇……等等。

我告訴他，如果我接受這份工作，職位真的不重要。

「我相信，」他堅持地說，「你的表現會和帕拉莫先生（Mr. Paramor）一樣優異。」

我誠心的承諾至少會待上兩趟航行。於是在這樣的情況下，我開始了與船的最後一次糾葛。畢竟到最後連一趟航行都沒有。或許這樣的發展，只不過是應驗了命中注定的事情，證實了那些出現在我腦門上的字，也就是儘管我在海上闖蕩了這麼些年，命運卻明顯禁止我完成跨越大西洋的航程——也因此無法像水手在談論大西洋貿易、大西洋小包運輸服務、大西洋航線的奧客時那樣，使用具有特殊意義的詞彙。

新生活緊跟在舊生活之後展開，《奧邁耶癡夢》九個章節的內容也隨著我去了皇家維多利亞碼頭，幾天之後，我們從那兒出發前往盧昂。我不會斬釘截鐵地說：法加交通慘敗到甚至連一趟航程都沒有成行，是因為他們雇用了一個注定無法穿過大西洋的人，這個說法太過離譜。儘管這個原因可能也存在，然而最明顯、主要的問題，顯然還是那家公司需要錢。當我們停泊在皇家維多利亞碼頭時，勤奮的木匠在甲板間打造了四百六十個移民船客的舖位，但是到了盧昂，一位移民都沒有上門。對於這一點，做為一個富有人情味的人，我承認自己其實挺開心的。有幾位來自巴黎的先生——我想應該有三位吧，其中一位據說是某董事長——確實現身了，並從船頭看到船尾，用他們的絲綢質料的帽子敲著甲板梁架。我一路親自陪同，打包票保證他們感興趣的地方，都足以顯示他們的明智，不過他們顯然從未見過這樣的安排。這幾位先生上岸時，臉上的表情是一種愉悅的不確定。儘管這一次的視察儀式，本應是立即啟航的預備程序，但就在他們一個接一個踩著舷梯下船時，我卻收到了來自內心的忠告，我們租船契約中所定義的航行，永遠不會成行。

我必須說明的是，我們的船在三週內的確移動了位置。剛到盧昂的時候，我們在相當靠近鎮中心的地方，舉辦了許多典禮，所有的街角都貼著宣告我們公司成立的三色海報，小資產階級的人民與他們的妻子、家人，也都會在週日到船上來享受一次檢驗假期。我總是穿著自己最好的制服，站在最顯眼的位置，提供訪客資訊，就像是庫克[5]旅遊的翻譯。我們的司務長更是從親自組織團體導覽，而收穫了許多小額零錢。

然而在我們更換了停泊的位置後——這次的移動把我們帶到了好幾哩之外，幾乎順著河流往下走了一半，停靠在一個整體而言就是個泥濘、破爛的碼頭上——當時孤獨的荒涼確實成了我們這群人的處境。那是一種無聲、完全停滯的狀態。我們的船當時都已經準備好要啟航了，連最小的細節都已整裝完成，但隨著冰霜愈結愈厚實，白晝愈來愈短，我們卻絕對的無所事事——遊手好閒到只要想到自己一直都還在領薪水，就會羞愧臉紅的程度。年輕的柯爾（Cole）感覺非常委屈，就如他所說，像這

5. 湯瑪斯．庫克（Thomas Cook）：一八〇八～一八九二，英國旅遊服務商，一八四一年創立了一家旅行社，是最早推出套裝行程的人。他也出版了許多旅遊指南書籍，是名符其實的旅遊服務業先驅。一八七二年將旅行社更名為「湯瑪斯．庫克父子公司」（Thomas Cook & Son.）。

樣終日懶散，晚上根本不可能享受到任何樂趣；連斑鳩琴都失去了魅力，因為沒有任何事情可以阻止他在兩餐之間撥弄彈奏。好好先生帕拉莫，他真的是一個最優秀的傢伙，不開心的程度也到了他樂天個性所容許範圍的最高峰。直到某個沉悶的日子，我純粹出於惡作劇的心態，向他提出了建議，說他應該善加利用船員蟄伏期間的精力，把兩條纜繩拖到甲板上，頭尾掉轉。

有那麼一瞬間，帕拉莫光彩耀人。「好主意！」但下一刻，他的臉就垮了下來。「為什麼……唉！可是這個工作也撐不到三天啊！」他低聲不滿地說。雖然不知道他覺得我們在盧昂的這個河邊郊區會卡多久，但是我知道就算按照我的壞心建議，大家把纜線拉上來，掉個頭，再放下去，然後把這兩條纜繩完全拋在腦後，我相信也依然等不到法國河道的引水人上船，把我們這艘來空空、去也空空的船，引導到勒阿弗爾區（Le Havre）的路上。

大家或許會以為這種被迫無所事事的情境，有利於奧邁耶父女命運的進展，可惜事實並非如此。猶如受到了詛咒，經過了前述的斑鳩琴船友的打擾後，奧邁耶父女就從那個命定的黃昏時分，被耽擱了好幾個星期。這本書一直都是這個樣子，從一八八九年開始，到一八九四年完成，這是我所有作品中，篇幅最短的一部。這本書從奧邁耶因為妻子呼喚他吃晚餐而發出感嘆做為開場，直到阿布杜拉（Abdullah／他的敵人）在心中呼喚伊斯蘭的上帝——「仁慈的神！慈悲的神！」——結束，中間有好幾段關於海的長篇敘述，那也是我對童年（部分）場景（為了順應書中情況而使用了較高級的語法）的一次重訪，以及兒時不知天高地厚大話的實現，那段童言童語，表現了當時輕鬆心情下的浪漫奇想。

重訪的童年是一八六八年，那年我大概九歲左右，看著一張當時的非洲地圖，手指指著地圖上代表那塊大陸未解之謎的空白之處，帶著絕對的自信與現在個性中已不復存在的驚人膽量，我對自己說：

「等我長大，我就要去**那裡**。」

當然，這個念頭自此相忘江湖，直到大約四分之一個世紀之後，在因緣際會之下，我有了一個可以去那兒的機會——就像是以前幼稚大膽的罪惡即將降臨到我已長大成人的腦袋上。是的，我真的去了那裡：**那裡**是史丹利瀑布（Stanley Falls）[6]區，是一八六八年地球上被認定最空白之處。我隨身帶著《奧邁耶的癡夢》的手稿，猶如帶著護身符或寶藏般，就算是去**那裡**時也不例外。至於這份手稿竟然能安全的離開**那裡**，似乎是老天的特殊恩寵，因為一大堆對我遠遠更有價值與更有用的其他財產，都因為不幸的交通意外而被留在身後。

記憶所及，舉例來說，剛果在金夏沙（Kinchassa）與雷堡市（Leopoldsville）之間有個特別危險的彎道——尤其是晚上，若大型木舟上的槳手只有正常人數的一半時，更要小心。我並沒有成為紀錄上第二個因為木舟翻覆，而溺斃在那個有趣地點的白人。第一位喪生的白人是一位年經的比利時船副，意外發生在我去之前的幾個月，我相信他應該也是在回家的途中；他可能病得沒有我嚴重——但依然是在回家的路上。總而言之，我通過那個險灣後，應該還算活著，不過當時我病得太重，根本不在意自己是否活著。我那個日漸減少的行李中，始終都有《奧邁耶癡夢》的身影。

當抵達了美麗的首都博馬（Boma）[7]，在載送我回家的輪船離開之前，我終於有時間一次次地真心希望自己沒有熬過來而死去。那個時候的《奧邁耶的癡夢》只有七章，但是我的人生章節自此卻是一段長長、長長的臥病期，與非常令人抑鬱的復原期。日內瓦，或者更精確的說法是尚佩爾區（Champel）的水療機構，因為奧邁耶衰亡史第八章的完成，而名流青史。至於第九章裡所發生的事件，則是與一個水岸倉庫井井有條的管理細節密不可分，這個倉庫隸屬於一家位在市區，但名稱完全不重要的公司。可惜這份為了讓自己重新適應健康生活行動步調，而接下的倉庫管理工作，很快就結束了。陸地上沒有任何可以讓我長久駐足的條件。於是奧邁耶難忘的故事，猶如一桶精選的馬德拉酒（Madeira），就這麼隨我在海上往復來去了三年。

這些遭遇是否增加了故事的風味，我當然不好提出我的看法。表面看來，顯然沒有。整份手稿不但褪了色，還有一種發黃的老舊特質。慢慢地，假設奧邁耶與妮娜在這個世界上可能發生的任何事情，都變得不合理。然而在公海上卻發生了最不可能發生的事情，這對父女從假死狀態被重新喚醒了。

可以肯定的是，當另一個靈魂相信我的信念時，我的信念就會無限增強。

諾瓦利斯（Novalis）[8]說過：「當另一個靈魂相信我的信念時，我的信念就必然

6. 現稱博約馬瀑布（Boyoma Falls），由剛果民主共和國盧阿巴河（Lualaba River）的七條瀑布組成，舊稱史丹利瀑布，是為了紀念曾抵達該瀑布的英裔美籍探險家亨利・摩頓・史丹利（Henry Morton Stanley）。

7. 一九二三年前比屬剛果（Belgian Congo）首都。

8. 諾瓦利斯（Novalis）：一七七二～一八〇一，德國詩人、小說家與哲學家哈登柏格（Georg Philipp Friedrich Freiherr von Hardenberg）的筆名，是德國早期浪漫派代表人物之一。他的作品《*Heinrich von Ofterdingen*》中有藍花，因此又有「藍花詩人」之稱。「藍花」後來成為整個浪漫主義的標誌。

因此而收穫無限。」

如果不是我們同胞生存的強烈信念，足以自成一種遠比真實更為清晰的想像生活，而且從這種生活中所精選出來的事件，其累積的真實度，能夠讓文獻史的驕傲都為之低頭，那麼小說又算是什麼。拯救我的手稿免於剛果湍流滅頂之災的老天，讓一個遠在開闊海洋中樂於幫忙的人領悟到了這一點。如果我遺忘了那位臉龐蠟黃乾癟、黑眼睛深陷的劍橋年輕男子（他是一位船客，「為了健康緣故」登上前往澳洲的托倫斯號〔Torrens〕那艘好船），那我可真的成了無可救藥的忘恩負義之人了，那名男子是《奧邁耶癡夢》的第一位讀者——我生命中的第一位讀者。

「如果要請你幫忙看看像我手上這樣一份手稿，不知道會不會太打擾？」有天晚上，我與對方即將結束一段有關吉朋（Gibbon）歷史作品[9]的長長對談後，我突然鼓起勇氣這麼問。

雅克（Jacques／他的名字）當時正坐在我的船艙中。那天天候惡劣，我在甲板下值夜班，他拿了一本自家旅遊店裡的書，要給我看。

「不會。」他帶著淺淺的微笑，禮貌的回答。

在我打開抽屜時，他突然好奇心大起，流露出關注的神情。不知道他期待看到什麼。或許是一首詩吧。不管答案是什麼，現在都猜不到了。

他並不是冷淡的人，卻沉靜自持，因為疾病的關係而有所壓抑——與他人來往時，總是寡言、保守、謙遜，但他整個人散發著不平凡，一種迥異於我們其他六十位船客的獨特感。他的眼神透露著深思與自省。

他用他那頗具吸引力的含蓄態度，暗含同情的語調詢問：「這是什麼？」

「算是故事吧，」我有點費力地這麼回答。「還沒寫完。不過我想知道你有什麼看法。」

他把手稿放進了外套胸口位置的口袋中；我清楚記得他單薄發黃的手指將手稿上下對折起來。「我明天讀。」他邊說邊握住了門把，仔細感受關注著船身的搖晃，然後找到適當時刻開門離開。

在他跨出我艙房的那一瞬間，我聽到了風不斷呼嘯、海水鞭打著托倫斯號的甲板，以及海平面上升時那種感覺很遙遠的壓抑怒吼聲。我還注意到原本就已很不安定

9. 指的是愛德華・吉朋（Edward Gibbon）的《羅馬帝國衰亡史》（*The History of the Decline and Fall of the Roman Empire*）。

的海面，愈加動盪，我做了因應的專業思考，想著最多再過半個小時，八點左右，就得把船上的上桅帆取下來。

第二天，在第一次值班時，雅克就走進我的艙房。他的脖子上圍了一條厚厚的羊毛圍巾，拿著手稿。他眼神堅定的把手稿遞給我，一句話都沒說。

我默默地看著手稿。

他坐在長椅上，依然不發一語。

我打開書桌下的一個抽屜後又關上，桌上攤著一個填寫資料用的木框黑板，等著我把黑板上的資料整齊地抄在我已習慣謹慎謄繕的本子中，那是這艘船的航海日誌。我轉身背對書桌。但是即使到了這個時候，雅克依然默不作聲。

「說吧，你覺得怎麼樣？」我終於提出了問題。「值得把故事寫完嗎？」這個問題精準的表達了我全部的想法。

「無庸置疑。」他用平靜而含蓄的聲音這麼回答，說完後小咳了一會兒。

「你對這個故事有興趣嗎？」我低聲的繼續追問。

「非常有興趣。」

一陣靜默中，我本能地因應著船身劇烈的晃動，而雅克則是抬起了雙腿，把腳縮進長椅中。我床位的窗簾如大布扇般來回晃動，船艙壁燈也以吊架為中心晃著圈圈，艙門不時在陣陣強風中嘎嘎作響。就我記憶所及，當時我們位於南緯四十度，經度接近格林威治，而就在這裡，奧邁耶與妮娜的復活儀式正默默地展開。

在這段特別長的靜默中，我突然想到，就這個故事內容來說，裡面有大量的回溯式結構。這種安排是否能讓讀者更容易理解，我自問，就像是說故事的人已經在水手的身體中誕生。此時我聽到甲板上值班船副的口哨聲，於是維持著警覺的態度，隨時注意這個信號之後的命令。接著我聽到嚴厲但音量微弱的呼叫：「調整船桅橫杆。」

「啊哈！」我心裡這麼想，「西風要來了。」

我轉向自己的第一位讀者——他，唉，後來在知道故事結局前就離世了。

「我再問你一件事，你覺得這個故事，就目前來說，條理夠清楚嗎？」

他抬起烏黑溫柔的眼睛盯著我的臉，看起來感覺有些意外。

「當然！非常清楚。」

我從他嘴中聽到有關《奧邁耶的癡夢》的優點就只有這一點了。我們沒有再對這本書談過任何事情。

惡劣的天候出現，而且持續了很長一段時間，那時候除了自身的責任外，我無暇思考其他。而可憐的雅克染上了致命的感冒，必須關在他自己的艙房內。等到我們抵達阿德萊德（Adelaide）後，我生平第一位散文讀者立即被送往內陸，最後相當突然地過世。去世的地點若不是在澳洲，就是在經由蘇伊士運河的回程途中，我現在無法肯定確切的地點，但我想我應該沒有聽過他確切的去世之處；不過當時我的確曾向一些我們的回程船客打聽他的消息。那些船客都是趁著船靠港，四處閒逛去「看看這個國家」時，在不同地點與雅克巧遇的人。

在可憐的雅克耐心閱讀著這個漫不經心的塗鴉故事時，永恆的陰影其實早已聚集在他溫柔、堅定卻凹陷的雙眼之中，最後當我們終於啟程返航時，這個故事沒有增加任何一行新的內容。

雅克那聲簡短但肯定的「無庸置疑」所灌注到我心中的意志力，儘管一直處於休眠狀態，卻始終健在，一直在等待著機會。我敢說自己確實感受到了迫使之力——無意識地感覺到逼迫——現在就是一本接一本地寫，如同過去那些年被迫一次次地出海那樣。離家就是必須一次接著一次，一如過去的聯賽，就是得一場比賽接著一場比賽地進行，直到確定的結果出爐。這個結果就是真理，唯一的真理——任何人、任何職業都不例外。

我不知道這兩種動力，對自己而言，哪一種出現的方式更神祕、更美妙。不論如何，寫作跟出海完全一樣，我必須等待自己的機會。在此我要先承認，我從來不是那種妙不可言的人，為了開心就躺進洗衣盆裡玩起漂浮，如果我可以為自己的一致性感到驕傲，那麼我對自己的寫作也同樣感到驕傲。我聽說有些人會在火車的車廂裡寫作，或許還可以盤腿坐在曬衣繩上寫作。我得承認，要寫作，我至少得有個像椅子的東西，否則我的驕奢性格絕對不會同意。《奧邁耶的癡夢》的發展，不是一頁一頁，而是一行一行地進行。

故事現在已進入第九章的開頭幾個字了，但我在波蘭，或更精準地說，在烏克蘭的腓特烈大街（Friedrichstrasse）上，差點遺失了手稿。一個昏昏欲睡的大清早，我在匆忙換車時，把我隨身攜帶的格萊斯頓旅行包（Gladstone bag）留在了洗手間，幸好有位值得尊敬又聰明的搬運工出手拯救。不過當時在焦慮之下，我想的不是手稿，而是所有其他放在包包裡的東西。

我在華沙待了兩天，格萊斯頓包一直攤在椅子上，但那些還在徘徊的一頁頁故事，除了一次燭光外，從未見過光。有天我正在著急地換衣服，準備去一家運動會所吃晚餐。我的童年玩伴正坐在飯店房間的沙發上，等著接我一起過去。（他之前一直在外交界服務，後來改行在祖先留下的土地上種小麥，我們兩人已超過二十年未見。）

「你換衣服的時候，可以告訴我一些你生活上的事情啊！」他親切地這麼建議。

我想自己不論當時還是後來，都沒有告訴他太多關於我生活中發生的事。他請我吃的這頓飯，是極少數人聚在一起的晚宴，過程中大家相談甚歡，聊天的內容幾乎涉及了天下大多數的事情，從非洲大型動物的射獵，到非常新潮的評論刊物上最新刊登的一首詩。那本刊物是由非常年輕的編輯操刀，最上流社會的人士贊助的。但是我們的話題從未觸及到《奧邁耶的癡夢》。

第二天早上，在一貫鮮為人知的情況下，《奧邁耶的癡夢》這個與我形影不離的夥伴，又跟著我轉向東南方，朝著基輔政府的所在地出發。在當時，從火車站坐車到我目的地的鄉間房舍，一趟路程至少要耗時八個小時。

「親愛的小傢伙，」（這幾個字永遠都是英文），在倫敦那間屋子裡接到的最新一封信這麼寫道——「搭車到這個地方的唯一旅店來，隨你開心的吃好、吃飽，晚上的時候，我的貼身僕人、雜役兼總管，一位V. S. 先生（我要警告你，他出身高貴）會到你面前，向你報告第二天接你回家的小雪橇已經就位。我會讓他把我最厚重的皮大衣帶去給你，我覺得你有了這樣的厚外套，才不會在路上就被凍僵了。」

果不其然，正當我在一間大如穀倉，地板也是剛油漆過的臥室裡，由一位希伯來服務生伺候吃晚飯時，門打開了，一身旅行裝扮的這位 V. S. 先生走進來。他穿著長靴、戴著大羊皮帽、短外套上束著皮帶，大約三十五歲，留著鬍子的臉上毫不隱藏的流露著困惑。我從餐桌起身，以波蘭語和他打招呼，希望這個舉止能夠符合他高貴的血統與機要的身分。對方的臉色立刻精彩地雨過天晴。看樣子，儘管舅舅鄭重其事地提出了保證，但這個老實的傢伙心中仍不確定，我們是否可以互相瞭解。他大概以為我會用某種外國語言和他溝通。

後來我聽說，他在上雪橇來接我之前，最後說的幾句話全化成了一種焦慮的呼喊：「呀！呀！我要出發了，老天爺才知道主人的外甥要怎麼樣才能聽懂我說的話啊！」

我們兩人的溝通從一開始就毫無障礙。他把我當成了尚未成年的孩子那般照顧。第二天早上，他用一件超級大的熊皮旅行外套裹住我，還保護意味十足的坐在我旁邊時，我有種像是從學校回家的孩子氣開心感。雪橇很小，看起來也毫不顯眼，猶如一個玩具，套在兩兩成行的四匹栗色大馬身後。連馬車夫一共三個人，把雪橇擠得滿滿的。馬車夫是個年輕的小夥子，有雙澄藍的眼睛，毛皮制服大衣上的領子豎立的與他頭頂一樣高，框住了他那張臉上的開朗神情。

「好了，約瑟夫，」我的同伴對他這麼說，「你知道我們得設法在六點前到家吧？」年輕車夫的回答是：如果老天爺願意幫忙的話，絕對沒問題；換言之，前提是特定村子間長距離的路上沒有太大的雪堆。這些村子的名字實在耳熟。結果證明這個年輕小夥子是個非常優秀的馬車夫，不但擁有在冰雪覆蓋的路上前進無阻的本能，也具備了讓他所操控的馬兒充分發揮潛力的天賦。

「他是約瑟夫的兒子，我想船長您應該還記得約瑟夫吧。他以前是負責載送船長您先外祖母的車夫。」V.S. 邊忙著把毛毯裹住我的腳，一邊這麼說。

我清楚記得那位十分令人信賴的約瑟夫，他以前是負責載送我外祖母的人。哇！他也是讓我生平第一次掌握韁繩、讓我在馬車房外，拿著了不起的四馬馬車皮鞭玩耍的人。

「他怎麼樣？」我問。「我想他應該退休了吧。」

「他一直伺候我們的主人。」

這是我得到的回答。

「不過十年前他因為霍亂去世了。當時我們這兒霍亂大流行。他的妻子也在那個時候走了。他們全家都不在了，約瑟夫是他們家唯一留下來的孩子。」

《奧邁耶的癡夢》的手稿正躺在我們腳下的格萊斯頓包裡休息。

我再次看到了平原上的夕陽西落，一如小時候在旅途中看到的那樣。下山的太陽，清晰，通體一片紅，以全景浸入雪中，像是落入了海裡。上次在這片土地上看到夕陽西下，已是二十三年前的事了。夜幕落得飛快，黑暗中，三人行駛在青灰色的雪地上，直到走出了與綴滿繁星的天際相連的白色荒蕪大地後，許多模糊的黑影突然湧現，那是烏克蘭平原某座村子周邊的叢叢大樹。一、兩間木屋從眼邊滑過，接著是一排沒有盡頭的低矮圍牆，然後在一片冷杉之後，主人家閃現的燈光從其間穿透而出。

那天晚上，四處遊蕩的《奧邁耶的癡夢》手稿從旅行包裡被拿了出來，毫不張揚地躺在我房間的寫字桌上。舅舅他們曾以愛意滿滿卻隨意的語調對我提過，這個房間以前是客房，後來就一直在等我，大概等了十五年。《奧邁耶的癡夢》的手稿在這間對外甥——他最疼愛的妹妹的兒子——充滿了關愛的房間中，完全沒有引起任何注意力。

「跟我在一起，你不會有太多自己的時間，老弟，」舅舅這麼說。「老弟」這樣的稱呼源於我們農民在特別興高采烈的時刻，所展現出的最高級幽默表達方式。「我一定會常常過來跟你聊天。」

事實上，舅舅和我聊天的地方遍及整棟屋子，而且聊都聊不完，兩人總是互相打斷對方正在說的話。我還侵入了他私密的書房空間，裡面有一個巨大的銀製墨水台，是整間書房很重要的特色。那是舅舅五十歲時，所有由他擔任過監護人而依然在世的孩子，合送給他的禮物。他從一八六〇年開始，就一直擔任著南方三個省分許多地主家庭的孤兒的監護人。其中有些人是我的同學與幼時玩伴。然而就我所知，不論男孩還是女孩，他們當中沒有人曾寫過小說。有一、兩個人的年紀比我大——大很多。其中有一位是我從小就記得的訪客，他是第一個把我放上馬背的人，而他那輛配備了僕人並由四匹騸馬拉的馬車、完美的馬術，以及展現的許多男子氣概，更是在我早期的欽羨清單之上。

我彷彿記得，我母親曾在一條柱廊中，站在餐廳的窗子前，俯望著我被高舉到一匹小馬身上。而就我所知，抱著我的人就是約瑟夫——那位專門服侍我外祖母，後來因霍亂而去世的馬夫。他那時當然還是個年輕人，穿著深藍色的短外套以及非常寬鬆的哥薩克褲。負責馬廄相關工作的人，幾乎都穿著那樣的制服。當時應該是一八六四年，用另一種計算時間的方式估算，當時應該是一直跟著我父親流放的母親，獲准從流放地南行去探訪家人的一年。為此，她必須獲得許可，我知道當時要獲得許可的條件之一，是別人必須也將她視為一名要受到譴責的被流放者。兩、三年後，一些握有權勢的人，為了紀念母親早夭的大哥——英年早逝的他曾在防衛隊服務，身後不但留下許多朋友，在聖彼得堡這個偉大的世界也留下了美好回憶——幫她爭取到了那次為期四個月脫離流放生活的許可，這個許可的正式名稱為「最高恩典」（Highest Grace）。

也是在這一年，我開始記得母親不僅僅是一個寬眉、安靜、充滿了愛與保護的存在，讓我記憶更深刻的是她眼中一種威嚴的甜美。除此之外，我還記得來自各地親朋好友的盛大聚會、白髮世交對母親的尊敬，以及在她最喜歡的兄長家中所感受到的愛。幾年後，她的這位兄長代替了我的父母照顧和撫養我。

儘管當時的我完全不瞭解這一切所代表的悲慘意義，但我確實記得來的人當中還有醫生。母親並沒有顯現出任何病弱的跡象——不過我想他們那時應該就已斷言，除非南方的氣候可以讓她把日漸衰弱的體力重新養回來，否則逃不開死亡。對我而言，那段日子似乎是生命中最開心的時光。我有表妹的陪伴，她比我小幾個月，是個性情急躁的快樂小女孩，這一輩子都有人鍾愛和看顧，日子過得有如皇家公主，但她的生命在十五歲時戛然而止。當時還有其他的小孩，許多人現在都已過世，其中很多人的名字，我想都想不起來。所有人都籠罩在偉大俄羅斯帝國壓迫的陰影之下，而一八六三年那次不祥的起義[10]之後，一股反波蘭的莫斯科派記者孕育出來的新版國家仇恨，讓大家頭上的陰影益發黑暗。這些事情與《奧邁耶的癡夢》手稿中的內容相去甚遠，然而事件發展過程的公開紀錄，卻並非衝動之下的一種焦慮性自我主義。這些事情同樣也攸關人性，只不過吸引力道已經變得極弱。

小說家除了自己來之不易的創意色彩與特質外，應該留下更多的東西給他們的後輩，這才是適當的作法。圍繞在小說家身邊的世界，或許認為小說家的成長時期是他們天性中最神祕的一塊，因此必須永遠維持著朦朧感，令人費解，甚至連小說家自己都不例外。外界的世界還認為成長時期的這些過程，將成為小說家無意識下的對應之力，去對應他們無力改變的過去所散發出來的靜止之音。而這些靜止音，正是他們筆下虛構作品與個性之所以生成的遠因。

只有在人的想像中，每一個真理才能找到一個切實卻又不容否認的立身之處。不論是藝術或者生活，想像，而非虛構，始終都是無上至尊的存在。以饒富想像力的方式，精準地呈現真實的記憶，或許有助於發展我們對於人類所有事物的虔誠精神。而正是這種虔誠的精神，不但支持著作家杜撰故事的概念，也鼓勵著作家憑藉著審視自己的親身經驗，認可人類的情感。

10. 一月起義（January Insurrection）：一八六三～一八六四年間，波蘭反俄羅斯統治的革命。最後以失敗告終，而結果就是俄羅斯進一步強化了對波蘭的掌控。

第二章

如前所提，經歷了從倫敦到烏克蘭的那趟旅程後，我打開了行李。《奧邁耶的癡夢》手稿——已陪伴我大概三年或更長時間的伴侶，成長進度依然停留在第九章——毫不顯眼地被置於兩扇窗戶之間的寫字桌上。我從未想過要把這份手稿放進抽屜裡（這個手稿理應歸置的位置），不過視線卻被抽屜那個型態優美的銅製把手吸引住。兩個燭台各立了四根蠟燭，把這間等待在外流浪多年的外甥的屋子，照得有如節慶般光亮。百葉窗全被拉了下來。

距離我坐的椅子不到五百碼處，是村子裡的第一間農民小屋，屬於我外祖父的資產，也是目前唯一一個還握在家族成員手中的資產。冬夜中，陷入一片無盡漆黑的村子外，是沒有圍牆的廣袤田地——不是一馬平川的嚴苛平原，而是周圍裹著圓圓山脊，能夠提供麵包的友善土地。不過當下這片土地是一片雪白，只有凹陷的地方因為堆放木頭，呈現出一塊塊的黑。我返家時穿過村子的那條路，在靠近短車道的幾處大門外轉彎。戶外有人正循著雪上深深的車道前進，一陣短暫的鈴聲叮噹緩緩竄入房間的沉靜中，猶如一段悅耳的低語。

在我打開行囊的整個過程中，大部分時間都有一名來幫忙的僕人在旁觀。他體貼地站在房門邊，不過實在無此必要。我一點都不需要他的協助，只不過我也不想請他離開。他是個很年輕的傢伙，至少比我小十歲以上；我已經沒有認識的人了——不止這個地方，而是方圓六十哩內。我從一八六七年開始就沒有再踏足此地了，但是這名僕人老實坦率的農民長相，卻讓我感覺到不可思議地熟悉。他很可能是我幼年很熟稔的僕人後代，兒子或甚至孫子。

事實上，我以為的主張與他毫無關連。這名小伙子出身附近的村子，曾在一、兩個大戶人家中擔任過最低階的僕從，管理食物儲藏室，之後從村子裡得到拔擢。我之所以知道這些，是因為我在第二天就問過了V. S. 這個萬事通。其實我根本不用問，因為沒多久，我就發現宅子裡與村裡所有的臉孔，不論是各家家長掛著長長鬍子的嚴肅面容、年輕人柔和的面貌、金髮的小小孩，或者在小屋門口看到各個母親被曬黑了的寬眉美麗臉孔，我都覺得很熟悉，就像是自己從小就認識他們，而我的童年也不過就是前天的事情似的。

屋外旅人的叮噹鈴聲愈來愈大，接著很快就逐漸消失，村子裡的狗吠喧鬧聲也終於平靜了下來。我舅舅正懶散地靠坐在一張小沙發的角落，安靜地抽著他的土耳其長煙管。

「你在我房間裡準備的寫字桌非常、非常好。」我這麼說。

「那本來就是你的財產。」他眼睛盯著我，用一種感興趣卻又傷感的表情對我這麼說。從我走進這個家開始，舅舅就一直流露著這樣的表情。

「你母親四十年前用的就是那張桌子。在我們奧拉托（Oratow）的家裡，那張桌子擺在小起居室裡，大家很有默契地把那個房間給了家裡的女孩子，我指的是你母親與她很年輕就夭折了的妹妹。那是我們和你舅公尼可拉斯．B（Nicholas B.）[11]一起送給她們的禮物。

「那年你母親十七歲，你阿姨比她小兩歲。你的那位阿姨是個討人喜歡、快樂的女孩子。除了她的名字外，我想你對她應該一無所知。她不像你母親美得那樣光彩奪目、高雅細緻，你母親在這方面要出色得多。但是你阿姨明智的判斷力與天生令人欽羨的甜美，都讓其他人對她喜愛不已。她的離世為我們所有人帶來了沉重的哀痛與巨大的失落。如果她沒有早逝，那麼她身為人妻、人母與一家女主人的生活經歷，必能為這個家帶來極大的幸福。她會在她身邊創造出一種只有無私的愛，才能創造出來的平靜與滿足的氛圍。

「你的母親遠比你阿姨更美麗，在個人表現、儀態與智力上也異常傑出，但是脾氣卻沒有你阿姨那樣隨和。正因為她有更高的天賦，對生命也有更大的期待，特別是最困難的那段時段，我們非常擔心她的狀態。父親過世的衝擊，讓她的健康出現很大的問題，備受折磨（在他驟逝之時，屋子裡只有她獨自一人），她深愛著她最後選擇定下終身的男人，也清楚知道自己過世的父親公開反對這樁婚事，這兩種掙扎在她內心拉扯，讓她痛苦不已。她既無法拋棄珍惜的回憶，以及自己始終尊重與信賴的判斷，卻又無力抗拒如此深刻與真實的感情。大家不可能奢求她在這樣的情況下，還能維持心靈與道德上的平衡。她始終處於內耗狀態，無法對其他人付出根本就不屬於她的平和感情。

11. 原文中此處為康拉德的舅舅，應是編排漏失所致，這裡指的是康拉德母親的叔叔米克拉吉・波布洛斯基（Mikolaj Bobrowski，一七九二～一八六四年）。後文中當康拉德的舅舅再提次到他時，說的是「我們的叔叔……」，康拉德之後提到他時，也以舅公稱呼。他的波蘭文名字為米克拉吉，就是英文的尼可拉斯。

「一直到後來，當她終於與她選擇的男人重逢時，她那非凡的頭腦、天賦異稟的心智與心靈才得以發展，甚至因此折服了我們的敵人，受到他們的敬重與佩服。面對反映出整個國家與社會群體不幸的殘酷生活考驗時，她報以冷靜的剛毅，她實踐了身為妻子、母親與愛國者最高的責任理念，她與她丈夫一起承擔流放的結果，體現了理想波蘭女性的高貴本質。

「我們的叔叔尼可拉斯，並不是一個容易對人產生喜愛之情的人。除了對拿破崙大帝的崇拜外，我相信他在這個世界上只愛三個人：他的母親——也就是你曾經見過，但是必然不記得的曾外祖母。他的哥哥，也就是我們的父親，尼可拉斯叔叔曾在我們父親的家裡住過許多年。至於我們所有這些圍在他身邊長大的姪兒與姪女們，他只愛你母親一人。他似乎看不到我們最小妹妹的謙遜與可愛特質。我接任家主後不到一年，突然降臨在家裡的死亡打擊，讓我感受最為深刻。那個事件完完全全地出乎意料之外。有天晚上，我們的小妹妹趕車回家，她想在我們空蕩蕩的家中，陪伴必須一直待在家中管理家產以及處理複雜事務的我——（家中的女孩也輪流每週協助處理家族事務）——如我所說，他們正趕著車，從泰卡拉·波多卡伯爵夫人（Countess Tekla Potocka）的住處往家裡趕。當時我們病重的母親住在伯爵夫人那兒，因為那裡離醫生較近。結果他們迷了路，卡在雪堆當中。當時車上只有我的小妹妹、馬夫以及專門服侍我們去世父親的僕人老瓦勒瑞（Valery）。我妹妹因為不耐煩等他們把馬車從雪裡挖出來，她自己跳下雪橇去找路。這一切都發生在一八五一年，與我們現在坐在這兒的房子，距離不到十哩路。

「他們很快就找到了路，但是又開始下大雪，而他們還需要四個小時才能到家。馬夫與老瓦勒瑞脫下了他們有襯裡的厚重羊皮外套，絲毫不顧她的抗議、明確的命令，甚至掙扎，連同車上的所有毛毯，全往她身上裹，就是不希望她受凍，這些相關的細節全都是瓦勒瑞後來告訴我的。『我拿什麼臉，』他告誡著她，『去和已經逝世、受到恩佑的老主人魂魄相見？如果我在這把老骨頭還有一絲力氣的時候，竟然讓妳受到任何傷害？』等到他們終於回到家時，可憐的老傢伙因為在惡劣的風雪中待太久，全身僵硬，話都說不出來。馬夫的狀況也好不到哪裡去，不過他還有力氣親自把馬車駛到馬廄中安置。

「我責備她竟然在這樣的天候下，跑出去冒險。她非常有個性的回答，只要一想到我淒涼的一個人在家奮鬥，她就受不了。我完全無法理解怎麼會讓她出去找路。不過我想事情就是注定要發生吧！她一點兒都沒有把第二天的咳嗽放在心上，但是沒多久就出現了肺炎，接著不到三週，她就病逝了！她是我照顧的年輕一輩中，最早走的一個。希望與恐懼都沒有任何意義了！所有的兄弟姊妹中，我的身體最差。多年來我的脆弱程度，嚴重到父母只求能夠把我養大；但是最後我卻比兩個弟弟、兩個妹妹，還有許多同儕都活得久。連我的妻子和女兒都沒我活得久——那些對舊時代至少有些認識的人，只剩下我了。送走那麼多擁有誠懇性情、明亮未來、充滿希望卻英年早逝的人，就是我的命吧。」

舅舅俐落地起身，嘆了一口氣，離開前對我說，「半個小時內開飯。」

我沒有動，傾聽著他快速的腳步聲迴響在隔壁房間打了蠟的地板上，然後走過擺列書架的前廳，停下腳步，把他的土耳其長煙管放到煙斗架上，再邁步走進客廳（這些全都是套房），接著因為地上的厚地毯，我再也聽不到他的動靜了。但是我聽到他書房的門被關了起來。舅舅那時六十二歲，身為最睿智、最堅定，也是最寬容的監護人，已有二十五年的歷史。他給了我父愛，也像一個父親般給我照顧與付出，以及精神上的支持。即使我身在世界的最偏遠地區，也始終能感覺到身邊有他給我的所有一切。

尼可拉斯．B先生一八〇八年在法軍中的位階是少尉，一八一三年升任中尉，還擔任過馬爾蒙元帥（Marshal Marmont）[12]的**軍政官**（Officier d'Ordonnance），不過時間很短；之後他擔任過波蘭軍團第二步槍騎兵團（2d Regiment of Mounted Rifles）上尉，就這樣在維也納會議（Congress of Vienna）造成的縮水帝國裡一直待到一八三〇年。我必須說，在所有那些遙遠的過去裡，不論是我以傳統方式認知到的過去、是那一點點我所**親眼所見**的過去，還是剛剛才離開這個房間的舅舅，用詞彙所喚起的過去，這位尼可拉斯．B先生始終都是個最不完整的人物。顯然我在一八六四年曾經見過他，因為他必然不會錯失見我母親的機會，他一定知道那會是他們叔姪最後一次的見面。

我從很小的時候到現在，只要試著想起他的樣子，一片類似迷霧的東西就會在我眼前升起。而在那片迷霧中，我只能模糊看到一個白髮梳得整齊服貼的頭（在B氏家族中，男人三十歲前頭髮漸禿是趨勢，所以他的滿頭白髮是很特別的情況）、單薄、端莊的弧形鼻子，以及一張與B氏家族傳統五官完全相符的臉。然而活在我記憶中的

12. 馬爾蒙元帥（Marshal Marmont）：奧古斯特．德．馬爾蒙公爵（Auguste de Marmont, Duc de Ragusa），一七七四～一八五二，砲兵出身，是拿破崙賞識與重用的軍官，曾任拿破崙副官、義大利軍團炮兵司令、達爾馬提亞總督、帝國元帥等職務。

他，並不是這些容易變質、消亡的殘片碎塊。我在非常小的時候就知道，我的舅公尼可拉斯．B是榮獲了法國榮譽軍團勳章（la Legion d'Honneur）的爵士，也是波蘭軍**英勇勳章**（valour Virtuti Militari）的得主。這些輝煌事實的知識，讓我產生了欽佩的崇拜。然而讓我重新開始認識他個性中的力量與重要性，卻不是出於這種崇拜之情，儘管這樣的情緒很強烈。我對他的崇拜，被另外一種敬畏、同情與恐懼混雜的複雜印象，死死壓制。對我而言，尼可拉斯．B先生是個既不幸又悲慘（卻很英勇）的人，他曾經吃了一條狗。

當初聽到那個故事距今，已超過四十年了，但是故事帶給我的震撼力卻絲毫沒有減弱。我相信那應該是我這輩子聽到的第一個，嗯，真實發生過的故事。不論如何，結果都一樣，我不知道自己為什麼對那個故事如此恐懼地念念不忘。當然，我很清楚我們村子裡的狗看起來是什麼樣子——但還是……無法接受！就在這一天，回想起童年時感覺到的恐怖與憐憫，我問我自己，向一個冷酷而難以討好的世界，揭露家族歷史中那起嚇人的事件，是不是正確的事情。我問自己：這是對的嗎？尤其是B氏家族在廣大的鄉間，向來以飲食的講究與精緻品味而備受推崇與馳名。但整體而言，考慮到一名英勇年輕的軍官這種美食品味退化之事，的確是發生在偉大的拿破崙門口，我覺得若以沉默將此事掩蓋，這件事情將成為一種誇張的文學限制表現。那麼就讓事實站在陽光下吧。由於是拿破崙採取了可悲的輕率舉動，發動了征俄戰爭，因此要為這件事負責的人理應是他。

事情發生在天下廣知的莫斯科撤退期間，尼可拉斯．B先生在兩位同袍軍官的陪伴下——我對這兩位軍官的品德與固有教養一無所知——在一座村子外捕獲了一隻狗之後，隨即殺之裹腹。就我記憶所及，當時用的武器是一把騎兵軍刀，而且他們這起捕獵事件，遠比面對老虎還要更加攸關生死。當時有一隊哥薩克警戒隊在立陶宛大森林深處中的某個村子裡休憩。三名獵人在初冬暗黑的四點鐘左右，躲在暗處觀察在小屋間過得相當自在的警戒兵的動靜。三個人懷著憎惡的情緒，或許還有些絕望的心態，觀察著這隊人馬。夜深時分，飢餓帶來的蠢動建議，戰勝了謹慎的規定。他們緩緩穿過雪地，爬上了枯枝築起的圍牆。在立陶宛的那個區域，村子周圍通常都會用枯枝圍住。至於這三名獵人潛入村子想要獵捕的目標、用什麼方法得逞，以及他們的期待是否值得他們冒這個險，答案只有天知道。

不管怎麼樣，大多沒有配置軍官就在外遊蕩的小型哥薩克士兵隊伍，自我防衛能力是出了名的糟，甚至往往不具任何防禦能力。除此之外，這個村子距離法國大撤退的路線很遠，那些哥薩克士兵根本沒有想過大軍的散兵游勇會出現在此地。三位法國軍官在暴雪中與大軍走散了，又在森林中迷路多日，陷入的悲慘困境不言而明。他們的計畫是鎖定最靠近村子邊緣的小屋，吸引其中一棟小屋裡的農民注意；就在他們冒著生命危險，準備面對可以說是危險得有如獅子的利齒時，碰到的卻是一隻狗（超級奇怪的是，整個村子竟然只有一隻狗），不過在當時的情況下，這個可怕程度絲毫不輸獅子的傢伙，開始對著圍牆的另一邊狂吠……

到這兒為止的這個故事，我已從尼可拉斯．B上尉的親家姊妹，也就是我的祖母那兒，聽過了許多遍（都是我要求祖母說給我聽的），每次都緊張得顫抖。

那隻狗拼命吠叫。如果這傢伙只是叫，沒有任何其他動作，偉大拿破崙大軍的這三位軍官，大概會就此光榮犧牲在哥薩克的長矛之下，即使僥倖逃脫，最終可能也是體面地活活餓死。但是就在三人產生逃亡的想法之前，那隻惹人厭惡又致命的狗傢伙，竟然激動得從圍牆的一個小洞直衝了出來，然後當場喪命。就我的瞭解，軍官們僅一次攻擊，就讓狗兒身首異處。我還知道，後來在積雪的濃密樹林裡，陰鬱又寂寥的環境中，三位軍官在棲身的一個洞裡升起了火。這次的獵食行動，結果明顯令人失望。這隻狗並不瘦——相反地，肥胖的樣子讓牠看起來很不健康；癩皮的外表讓人很不舒服。不過他們殺牠，也不是因為牠的皮毛。這隻狗很大……三個人吃了那隻狗……其他的，盡在無言中。

在這樣的靜默中，小男孩抖了抖，堅定的說：「我一定不會吃那條狗。」然後他的祖母帶著微笑說：「或許你根本就不知道餓肚子是什麼感覺。」

自那之後，我也經歷並領略了許多事情。這並不是說我已沉淪到了吃狗的地步。我曾經吃過許多具標緻性的動物，套用脾氣火爆的高盧人說法，就是吃過「瘋牛」（la vache enragee）[13]。我曾以醃漬多年的乾物為食，也知道鯊魚、海參、蛇，以及根本沒有名字的食材所做出來的不三不四菜餚是什麼味道——但是立陶宛村子裡的狗——絕對不入口！請大家一定要明確瞭解，年輕時候吃了立陶宛狗的人，是那位波蘭的地主，那位擁有法國榮譽軍團勳章爵士以及其他頭銜的我的尼可拉斯舅公，不是我。

我真心希望他沒有吃過狗肉。這件事情帶給我的童年恐懼，荒謬地依舊緊緊抓著現在已滿頭華髮的男人不放，而且我對於這一點，完全無能為力。不過話說回來，如

13. 這個法文詞彙出於法文俚語「manger de la vache enragée」，直譯意思為「吃瘋牛」，衍生的意思就是日子過得非常艱辛。

果舅公當時真的不得不吃狗肉，那就讓我們寬厚地記住，他是因為戰時服役而不得不為之。當時的他正勇敢的面對近代史上規模最大的戰爭災難，而且從某個角度來看，他也是為了他的國家。他之所以吃了那隻狗，當然是為了解決自己的飢餓問題，但也是為了他心中一股無法澆熄的愛國渴望，他始終活在偉大的信仰光輝當中，追求著一個由偉大人物所點燃的偉大幻想，猶如一座不真實的燈塔，將一個勇敢國家的努力全帶入了歧途。

為國家！

從這個角度出發，那狗肉似乎是頓甜美而端正的一餐。

站在相同的角度上，我自己的瘋牛餐似乎就像是愚蠢而奢靡的自我放縱了；前人帶著犁頭，為了這片土地拋頭顱灑熱血，而同樣身為這片土地之子的我，為什麼卻追逐著廣袤海洋上的醃漬食品與壓縮餅乾這類怪誕餐點呢？即使從最寬容的角度來看，這似乎也是個無法回答的問題。唉！我堅信必然有些毫無瑕疵的正人君子，已磨刀霍霍地準備以鄙視的態度，隨時低聲吐出逃兵這個字眼。如此一來，天真的冒險滋味，在味蕾上就變成了苦澀。當大家在評估一個身處於沒有絕對解釋世界裡的人時，應該要把難以理解的部分納入考量。任何人都不應該輕易指控他人不忠。這種生命容易腐朽，並進而失去價值的表現深具欺騙本質，一如我們不完美的感官對於所有事物的判斷。事實上，內心的聲音在私密的引導與忠告能力上，很可能一直維持著足夠的真誠。對特殊的傳統而言，忠貞或許也會因為虔誠地跟隨著某種無法解釋的衝動軌跡，而存活在一個毫無關連者所經歷的事件中。

要想說清楚人類本性中各種矛盾的緊密聯盟關係，需要花費太多時間，然而這類的矛盾結合，有時卻會讓愛的本體呈現出令人絕望的背叛型態。也許根本就不可能有解釋。放縱，如同某人所說，是所有美德中最聰慧的一個。我大膽揣測，放縱這項美德，即使不是最不普遍的一個，也是極其罕見的一個。我當然不是以此暗喻人類愚蠢，甚至無意默示大多數的人都愚蠢。差得遠了。

在全村村民意見一致的支持下，理髮師傅與牧師公正的譴責了那位遠離家鄉、弄斷了趕騾人的脖子、害死了無害的羊群，並在某個馬廄裡經歷過一段悲鬱過程的率直西班牙貴族[14]。老天爺不會讓一個不值得尊重的鄉巴佬，只因為緊緊抓住了崇高仕紳馬匹身上的鐙革，就逃脫他應得的譴責。這位仕紳的經歷，確實是場非常高貴又無私

14. 指的是《唐吉訶德》（*El Ingenioso Hidalgo Don Quijote de la Mancha*）中的主人翁。

的幻想，但是除了勾起卑劣煩人的忌妒外，一無是處。然而這個顯赫又危險的人物，卻又擁有多重面向的魅力。他也有他的弱點。閱讀過太多浪漫故事後，他天真地渴望自己真的能逃離這個萬物都令人無法忍受的現實。他渴望親自與勇猛巨大的布藍巴巴蘭（Brandabarbaran）見面。布藍巴巴蘭是阿拉比亞之王（Arabia），他的胄甲取自龍皮，而綁在手臂上的盾牌，則是防禦力強大的城市之門。噢，可親且與生俱來的弱點啊！噢，一顆溫柔而沒有詭計之心所擁有的幸福的單純！在如此撫慰人心的誘惑下，誰能不屈服？說到底，這也不過就是一種自我放縱的形式，也因此這位天真的拉曼查（La Mancha）貴族，並不是一個好公民。

牧師與理髮師傅的責難，並非無的放矢。姑且不去提及那位在流放時曾說過「人民永遠不會錯」的法國老國王路易・菲力浦（King Louis-Philippe）——就算只是因為一整個村子的共識，我們可能也必須承認，牧師與理髮師傅必然有其道理。瘋了！都瘋了！這位貴族在旅館井邊不斷盡責地冥想，並為受封爵士進行準備儀式。在破曉時分，他恭敬地跪著接受狡猾無賴的旅館胖老闆授爵，過程近乎完美。他騎馬向前行，頭上一圈光環——他是守護著所有想像力難以抗拒的恩寵，所溺愛與拯救之人的守護神。然而他不是一個好公民。

或許我的家教老師那句令人牢記不忘的感嘆，並沒有那樣的意思：或許那句話根本沒有任何弦外之音。

當時是開心的一八七三年，我擁有開心假期的最後一年。

那年之後日子，開始變得停滯不前。生活在某種程度上算得上開心，也不是完全一無所獲，但我敘述的那年卻是我當學生的最後一個假期。我該記住那一年的原因還有其他，只不過要在這兒正式闡述那些其他原因，有些說來話長，更何況那些原因與當年的假期，風馬牛不相及。與假期有關的事件，是我的家教老師在說出那句感嘆話語前，我們去了維也納、上多瑙河區、慕尼黑、萊茵瀑布、博登湖（the Lake of Constance）。事實上，那是一趟難忘的假期旅行。

當時師生兩人一直沿著羅伊斯河谷（the Valley of the Reuss）慢慢走著。那段時光非常愉快。說起來，其實更像是在漫步，而不僅是慢慢走著。我們在弗呂倫（Fluelen）搭乘的一艘琉森（Lucerne）湖船靠岸時，第二天已經快過了，黃昏追上了我們悠閒的腳步，我們才發現自己置身於距離霍斯彭塔爾（Hospenthal）有一點點距離的地方。老師的話並不是在這天說的：在深山山谷的暗影中，在人類住所離我們有點距離的地方，我們腦子裡想的不是行為的道德，而是更簡單的人類食宿問題。觸眼所及，似乎沒有任何可以避身之處、果腹之物，正當兩人考慮是否要回頭時，突然間路一轉，我們看到了一棟幽靈般地豎立在暮色中的建築物。

那個時候聖哥達隧道（St. Gothard Tunnel）正在興建，這椿宏大的穿山計畫直接帶來了這棟意想不到的建築，孤零零地矗立在山腳上。這棟屋子很長，但一點都不大；很矮；依照營房小屋的形式以木板蓋成，沒有任何裝飾，白色的窗框與建築物樸素的黃色正面，相當契合。結果這個地方竟然是一間飯店，甚至有名字，遺憾的是我不記得飯店名字了。寒酸的門口，沒有制服上鑲著金邊的門房。顯然這間奇怪的旅店並沒有期待任何旅客的光臨，或許根本沒有旅客想要來此。建築物嚴肅的風格，與諾亞方舟玩具那矗立在船體上，看起來經不起風浪衝擊的房子有些類似。歐洲每個孩子都一定有個諾亞方舟玩具。然而這棟建築物的屋頂，不像諾亞方舟玩具那樣配置絞鏈，也沒有貼著邊緣佔滿整個側面的平板，更沒有畫在木上的動物。連活的觀光動物都不見蹤跡。飯店有提供餐飲，吃飯的地方位於一間又長又窄房間裡的一張又長又窄桌子的一端。以我當時疲憊的認知能力與困頓而張不開的雙眼，這張桌子感覺會像翹翹板一樣向上翹，因為沒有人在桌子的另一端，平衡我們這對灰撲撲、一身因為旅行而髒兮兮的師生重量。飯後我們匆忙上樓，進入一間聞起來全是松木木板味道的房間，倒在床上。我在頭還沒沾到枕頭就已睡著了。

早上，我的老師（他是克拉科夫〔Cracow〕大學的學生）早早把我叫了起來。兩人在換衣服時，他說：「好像有很多人待在這間飯店裡。直到半夜十一點，我都聽到有人一直說話。」這番話讓我非常意外；我什麼聲音都沒有聽到，一夜安睡。

兩人下樓後，進入那間有著一張又長又窄桌子的又長又窄餐廳。桌子上擺著兩排盤子。屋子裡有許多扇窗子拉起了窗簾。有一個高高瘦瘦的禿頭男子站在其中一扇窗子邊。他留著長長的黑鬍子，禿頭的部分與雙耳上方的兩束黑髮界限分明。他從正在閱讀的報紙上抬眼看了看，我們的侵入似乎確實讓他感到訝異。慢慢地愈來愈多人進入餐廳，沒有一個看起來像觀光客，也沒有任何女性出現。這些人似乎全都彼此認識，相處時帶著某種程度的親近，但是我也不能說他們是非常聒噪的一群。禿頭男子嚴肅地坐在桌子的首位，現場洋溢著某種家族的氣氛。我們從其中一位穿著國家制服的生氣蓬勃女服務生中，一點點瞭解到，這裡確實是招待所，專門招待一些參與聖哥達隧道工作的英國工程師。每當這些認為不應該單就生活便利這類事情多費口舌的人，坐在早餐桌上交談，我就可以盡情聽著他們說英文的音調。

除了在蘇黎世與琉森飯店看到的英國觀光客——這類人並不存在於真實的普通

世界中——這是我第一次與英國人接觸。現在的我知道那名禿頭男子說話時帶著濃重的蘇格蘭腔。我在岸上與海上碰到過許多他這類的人。舉例來說，輪船《馬維斯號》（Mavis）的大管輪就應該是他的孿生兄弟。我實在忍不住去想他們兩個真的是雙胞胎。不管怎麼說，那位沉穩、禿頭、留著烏黑鬍子的蘇格蘭人，用我孩子氣的眼光來看，是個非常浪漫與神祕的人。

我們師生在沒有人注意的情況下，溜出了餐廳。兩人所規劃的路線，是要穿過富爾卡山隘（Furca Pass），朝著隆河冰川（Rhone Glacier）而去，之後雄心壯志的希望沿著哈斯利山谷（Hasli Valley）的走向繼續前進。當我們發現已經置身在山隘頂峰時，太陽已經開始要下山，老師也即將要說出那句話。

我們兩人坐在路旁，繼續已經爭論了半哩路或更長距離的議題。我確信兩人當時是在爭論，因為我清楚記得我的家庭教師如何爭辯，而我又是如何無力反駁地聆聽他的說法，眼睛固執的盯著地面。突然間，路上出現一陣騷動，我抬眼看過去，看到了那位令我難忘的英國人。我後來認識與熟識的一些人，乃至船上的一些夥伴，他們留給我的記憶，還不及這位先生清晰。

他快步朝著東邊走（身邊有個垂頭喪氣的瑞士嚮導陪同），一副熱切又無懼的旅人神態。他穿著膝蓋以下緊緊紮著的燈籠褲，但是繫著鞋帶的靴子裡只有一雙短襪。不論是因為衛生或一絲不苟的堅持，當然這兩個因素純粹都是出於我的想像。他的一雙小腿都暴露在大眾的目光與高海拔的清新空氣之中，而腿上那猶如大理石狀態的光彩，以及新生象牙般濃郁色調的皮膚，都讓旁觀者讚嘆。他領著一個小車隊，眼裡迸發出對於這個人類世界、山區景色的滿足之光，迅猛又興高采烈。而這樣的眼光又照亮了他那張非常紅的整潔臉頰、兩鬢銀白色的短鬚，以及一雙閃現著天真的熱切與洋洋得意的眼睛。

他在經過我們這兩個坐在路邊、腳邊攤著寒酸背包，猶如灰撲撲流浪漢的身邊時，投過來了一道溫和好奇的瞥視，一口整齊、閃亮的大白牙也投射出了友善的光輝。他白皙的小腿堅定地閃爍著微光，那位行動粗魯、說話無禮的瑞士嚮導緊緊跟在他的身邊，像隻心不甘情不願的大熊。三隻騾子組成的小車隊，排成一列，跟在這位具鼓舞力量的熱心人後面。兩名女士先後騎馬經過，但是她們騎馬的樣子，只能讓我看到她們冷靜而一致的後背，以及從她們完全相同的帽簷所垂下來的藍色長面紗，在身後所留下的長尾。她們兩個一定是他的女兒。一隻長了一對硬挺耳朵的勤奮騾子，馱著行李，由一個無精打采、膚色蠟黃的車夫守著，走在最後面。我的家教老師在停下來看了一眼並淡淡一笑後，又繼續開始他鄭重其事的爭辯。

我跟你們說，那真的是令人難忘的一年！人的一生中，不會有第二次遇到這樣一個英國人的機會。老天爺該不會是神祕的安排了他，透過尋常事件，做為我未來的使者吧？在伯爾尼高地（Bernese Oberland）眾多山峰莊嚴而沉默的見證之下，在阿爾卑斯山埡口山頂的關鍵時刻，他被派了出來扭轉形勢。他的一瞥、微笑，以及勇往直前的樣子所蘊含的那種無法熄滅又滑稽的熱情，都幫助了我振作起來。

我必須先解釋，當天在那個高海拔之地的涼爽空氣中，我一直覺得自己已被完全擊潰。那一年，我第一次大聲說出我要出海的渴望。起初，聲音像是超出了人類耳朵可以適應的範疇，無法讓聽覺接收，於是我的這個宣示就這樣在沒有人察覺的情況下，船過水無痕，猶如從未出現過。後來，我嘗試各種不同的音調，成功的在各處引起了令人意外的短暫注意──「這是什麼可笑的聲音？」──大家有點像在打探。

又後來，大家的反應變成了：「你們聽到那孩子在說什麼了嗎？真是匪夷所思的說法！」

隨即掀起了一波為此感到震驚的浪潮（就算我宣布要加入天主教的加爾都西會修道院〔Carthusian monastery〕，風波大概也比不過這件事），這股浪潮從教育界與學術城鎮克拉科夫向外溢，擴大傳送到好幾個省份。這件事的風波很膚淺地傳播，但影響深遠，激起了大量的抗議、憤怒、令人同情的質疑、辛辣的諷刺以及十足的嘲弄。在這樣的壓力下，我幾乎無法呼吸，當然更不會有答案。大家都在想，不曉得 T. B. 先生[15]現在該拿他那個令人頭痛的外甥怎麼辦。而我敢說，他們一定都好心地希望舅舅可以儘快解決我的胡言亂語。

舅舅的作法是直接從烏克蘭衝到我這兒，開誠布公的與我討論，抱持著不帶偏見、公正、公平的態度，然後站在睿智與憐愛的立場，做出他自己的決定。儘管當時的我還是個表達能力尚未發展完成的孩子，但我向他說出了心底的祕密，而他也以讓我一窺他的心意做為報償。而我首次窺視到的清楚思維與溫暖感情，全蘊含在一份取之不完的偉大寶藏中，這是一份一輩子都屬於我的寶藏，讓我能夠不斷汲取其中永不欺瞞的愛與信心。經過了幾輪實事求是的全面溝通後，舅舅決定，他不要因為無條件的反對，而讓我在未來有機會指責他破壞了我的生活。但是我必須花時間嚴肅思考這件事情。我不僅需要考慮我自己，還必須考慮到別人；需要針對我這個目標的誠意，

15. 康拉德的舅舅 Tadeusz Bobrowski。

在喜愛與道義要求之間，衡量出重要性。

「從更大的角度來好好想想這件事情代表的所有意義，孩子，」舅舅這麼叮囑我，最後他異常和藹地對我說，「同時，盡可能在年度考試中，爭取最好的名次。」

我的學校教育就這樣結束了。那年的考試，我的名次相當不錯。其實相較於其他學生，好好考試這項任務（因為某種原因），對我的困難度要高多了。也正是因為如此，那段猶如長假的古老歐洲大陸之行，讓我覺得相當心安理得。之後的二十四年間，我鮮少在古老的歐洲大陸走動。不過這並不是那次旅行所公開承認的目的。

我猜當初大人之所以計畫那趟旅行，應該是為了分散我的注意力，讓我的腦子忙著想些其他的東西。連著好幾個月都沒有人再提起出海的事情。不過我對自己那位年輕家教老師的依戀，以及他對我的影響，已是廣為人知，以至於他接受了一個他有自信完成的任務，要說服我甩掉我的浪漫蠢念。這是個時機絕佳的安排，因為我們師生兩人這輩子都還沒有看過海。不過到了威尼斯後，麗都外灘的海就離我們愈來愈近了。

同時，我的老師依然牢牢記著他的任務，以至於我們在抵達蘇黎世之前，我就開始覺得自己要徹底潰敗了。不論是火車站裡、湖船上，他都會與我爭論，甚至為了我們的口舌之戰，放棄了里吉（Righi）絕對不可以錯過的日出，簡直令人無法置信！沒有人會質疑他對他那個沒有價值的學生的全心付出。兩年來，他已經用他堅持不懈與辛勤的照顧，證明了這一點。我無法恨他。他也的確是在慢慢地擊敗我。當他開始在富爾卡山隘頂峰與我爭論時，那可能是他最接近成功的一次，而且離成功的距離，短得超過他或我的想像。我在絕望的沉默中，聽著他侃侃而談，感覺自己夢想中那有如幽靈、尚未實現，以及渴望的大海，正要從我意志的不安掌握中逃脫。

等那位熱情的英國老先生擦身而過後，師生的爭論繼續進行。當生命走到終點時，我期待從生活中的野心、榮譽，或是道義裡，得到什麼樣的報酬呢？這是一個無法回答的問題。但是我卻不再有被擊敗的感覺了！然後兩人的眼神接觸，他和我都流露出了心中的真實感情。結局突然就這麼出現了。老師猛然拿起了背包，起身離開。

「你是個無可救藥、毫無希望的唐吉軻德。你就是這樣的人。」

我非常驚訝。當時才十五歲的我，根本不知道他到底是什麼意思。但是當這位不朽的騎士名字突然出現，並與我的愚蠢行為牽扯在一起時，我隱隱約約有種受寵若驚的感覺，就好像真的有人當著我的面叫我唐吉軻德一樣。唉！實在沒有什麼值得驕傲的地方。我希冀的可不是當個絕望少女的保護者，也不是想要成為矯正這個世界錯誤之人等等這類的事情；我的家教老師最清楚。也因此，當他出於憤慨而像是要懲罰我一樣，朝我丟過來一個受人尊敬的名字時，他其實要比理髮師傅與牧師更高高在上。

我跟在老師身後整整走了五分鐘，然後他停下腳步，卻沒有回頭。遠處山峰被拉長了的影子兜頭罩在富爾卡山隘上。等我走到他身邊，他轉身面對我。芬斯特拉峰（Finster Aarhorn）盡收眼底，而就在芬斯特拉峰那群巨大的兄弟朝著明亮的天空，抬起了它們駭人的巨頭時，老師親切的把手放在我的肩膀上。

「好了！到此為止了。我們不會再談這件事了。」

的確，我們師生之間再也沒有談起我那個不可思議的職業問題了。不論何地、不論與什麼人在一起，關於這件事，再也沒有任何問題了。我們開始從富爾卡山隘下山，一路上的交談都很愉快。

十一年後，我曾月復一月地站在塔丘（Tower Hill）聖凱薩琳碼頭屋（St. Katherine's Dockhouse）的階梯上，那時的我已是一家英國商務服務公司的船長了。在富爾卡山隘把手放在我肩上的那個人已然離世。

老師在我們旅行的那一年取得了哲學系的學位。一直到這個時候，他真正的天職才明確的自行宣告。他聽從了天職的呼喚，立即投入了醫學院的四年課程。那一天，我待在一艘泊靠於加爾各答的船甲板上，拆開了一封信。這封信告訴我一個令人羨慕的生命已落下了終幕。老師在奧屬加利西亞（Austrian Galicia）某個名不經傳的小鎮行醫。信中講述著那個地區失去了親人的可憐人，不論基督教徒或猶太人，如何在墓園的門口，圍著這位仁醫的棺木，哭訴與哀嘆著他的離世。

他的生命竟然如此短暫，而他對未來竟然看得如此清晰！當他在富爾卡山隘之巔，叮囑我對未來什麼都可能的生活結局懷抱希望時，他會希望從野心、榮譽或是道義中，為自己贏得什麼樣的報酬呢？

第三章

陰鬱的森林裡，我的舅公尼可拉斯・B在他兩位軍官夥伴與餓壞了的稻草人陪同下，大啖一條倒楣的立陶宛狗這件事，在我幼稚的想像中，象徵了莫斯科大撤退全面性的恐怖，以及征服者野心的不道德。我因為極其厭惡這件令人反感的狗肉事件，看待拿破崙大帝的性格與成就的角度，也受到了影響。這些事情令人不快，完全不需要我來強調。那位偉大的統帥在心思單純的波蘭仕紳心中，種下國家獨立的虛假希望，並因此導致他吃下了狗肉，就應該受到道德上的譴責。百多年來，這個容易上當的國家，因為以一個虛假的希望以及——嗯——以狗為食，而始終處於飢餓的狀態，這就是這個國家的命運。仔細想想，這其實是一種怪異的有毒食療法。長期食用這樣的餐飲後，國家憲法竟然還得以倖存的現實，讓有些人感覺到自豪，其實也是真的情有可原。

籠統性的事情說的夠多了，回到個人吧。尼可拉斯・B先生曾以他那嫌棄人類的簡潔態度向他的弟妹（也就是我的外祖母）透露，森林裡的那一頓飯，幾乎就是「他的死期」。這個說法一點也不令人意外。讓我意外的是竟然有人知道這個故事；尼可拉斯舅公與其他拿破崙時代一般軍人的不同之處，就在於他不喜歡談論他從弗里蘭德（Friedland）開始，到巴勒迪克（Bar-le-Duc）附近地區結束的參戰經歷。他在任何事情上，都對那位偉大的帝王表現出毫無保留的敬佩，唯獨對自己參戰部分三緘其口。猶如信徒最虔誠的宗教，正是因為思想過於深刻，因此不會呈現在一個信仰不足的世界面前。

除此之外，舅公似乎也完全沒有任何軍隊相關的奇聞軼事，活像是他這輩子幾乎沒有看過軍人那樣。儘管他對於自己不到二十五歲就獲得了那些榮譽，感到驕傲，但是卻像現在歐洲人依然會做的事情一樣，他拒絕在鈕扣孔中別上絲帶，甚至不願意在節慶的場合展示他的勳章。就像是害怕讓人覺得他愛自誇，而把這些東西全都藏起來似的。

「擁有這些已經足夠。」他曾經嘟囔地這樣說。三十年間，他把這些勳章戴在胸口的景象，大家只看過兩次——一次是家族喜慶的婚禮，一次是他老朋友的葬禮。擁有如此榮幸的那次婚禮，新娘並不是我母親。這件事情我後來才知道，因為知道的實在太晚，所以也不會對尼可拉斯．B先生有所記恨。他在我出生時寄來了一封長長的祝賀信件，算是彌補。他在信中做出了這樣的預言：「他會看到更好的時代。」連他那顆有怨憤的心都還有希望。可惜他並不是真正的先知。

他這個人有很多奇怪的矛盾處。他在兄長家一住多年，那是個許多孩子縈繞的家庭、一個充滿了生氣與活力的房子，不但吵鬧，而且賓客如織，但是他獨處與沉默的習慣依舊。在大家眼中，他所有的想法全神祕到了一個固執的程度，然而他其實只是個平民生活的受害者，生活中的所有問題都讓他異常痛苦地猶豫不決。他沉默寡言、冷淡的舉止之下，隱藏著一股短暫卻激昂的憤怒。我猜他應該不具敘事的才華，但是做為一個宣稱自己是萊比錫戰役（battle of Leipsic）之後，騎馬過橋，走過埃爾斯特河（river Elster）的最後一人，這件事似乎又帶給他一些肅穆的滿足感。為避免大家構築出誇大他勇氣的說法，我們就把重點放在他紓尊降貴的解釋這起事件經過的事實上吧。

聽起來應該是大撤退開始沒多久，尼可拉斯舅公就被派回去部分法國師級部隊聚集的鎮裡（約瑟夫．波尼亞托夫斯基親王〔Prince Joseph Poniatowski〕[16]率領的波蘭軍也在其中）。由於大家全絕望地擠在街上，反法同盟勢力輕易的就能進行絞殺。

當其他人問他當時在那兒是什麼景況時，尼可拉斯・B先生只是嘟囔地吐出了一個詞「一團混亂」。他將消息傳遞給親王後，又立即匆匆離開，趕去向指派他這項任務的長官回報。到了這個時候，推進的敵軍已經包圍了整座城鎮，有人從屋子裡開槍擊中了他，之後又被奧地利的龍騎兵（Austrian Dragoons）與普魯士的驃騎兵（Prussian Hussars）組成的雜亂烏合之眾，一路追到了河岸邊。

河上的橋，在當天一大早就被布了雷，尼可拉斯・B先生認為追擊他的騎兵多方匯集的景象，可能驚動了指揮工兵的軍官，導致他們對攻擊的軍隊過早反擊。就在他跑不到兩百碼的距離時，聽到河的另一邊傳來了致命的爆炸聲。尼可拉斯・B先生單刀直入的以「愚蠢」這兩個字結束了敘述，但在說出這個詞彙時，態度卻是絕對的審慎。這樣的結語，證實了數十萬條喪失的生命讓他感到憤怒。但是在他提及自己唯一一次的受傷時，冷漠的臉卻整個都亮了起來，就像這是一件令他很滿意的事情那樣。

16. 約瑟夫・波尼亞托夫斯基親王（Prince Józef Antoni Poniatowski）：一七六三～一八一三，波蘭將領，拿破崙戰爭期間唯一一位非法裔帝國元帥。一八〇七年拿破崙建立華沙公國（Duchy of Warsaw）後，曾擔任拿破崙的戰爭大臣（minister of war）。

大家若知道他傷到的是腳跟時，就會知道其中的道理了。

「就和拿破崙大帝陛下本人一樣，」舅公用一種刻意擺出來的淡漠表情提醒著聽眾。淡漠的表情必然是裝出來的，因為他認為這樣的傷口實在太不凡了。我相信在所有的戰爭史中，傷到腳跟卻又眾所皆知的戰士只有三人：阿基里斯（Achilles）[17]、拿破崙，當然他們都是半人半神，以及一個與這兩位毫不相稱，卻與他們一樣虔誠的普通凡人尼可拉斯．B。

拿破崙的百日王朝成員後來發現，尼可拉斯．B先生待在我們一個遠房親戚家裡。那位遠親在加利西亞擁有一小塊地。舅公是如何穿越一整個武裝歐洲的幅員、歷經了什麼樣的冒險事件，現在恐怕永遠都不會有人知道了。

他去世後沒多久，他的所有文件全被銷毀；如果那些文件中，如他曾公開聲明的那樣，存在著一份有關他生平的簡明紀錄，那麼我確信相關描述的篇幅，最多就只寫了標準規格紙張的半頁。我們的那位遠房親戚恰巧是一位奧地利的軍官，奧斯特里茨戰役（battle of Austerlitz）之後就退役了。這位遠親不像尼可拉斯．B先生隱藏自己的勳章，他很喜歡展示他的榮譽退役經歷。在退役典禮中，他被形容是個在敵人面前一無所懼之人（un schreckbar）。沒有什麼事情要比這兩個人的結合更沒有前途了，然而家族流傳下來的傳統卻保留了下來，這兩人在鄉間獨處時異常的和諧。

每當有人問起他在百日王朝期間，是否曾有過強烈的心動，想要重新回到法國，為他摯愛的大帝再次效命，尼可拉斯・B總是嘟囔地說：「沒錢、沒馬。距離太遠，走路走不到。」

拿破崙的衰敗以及國家希望的破滅，對尼可拉斯・B先生的性格有著極其不利的影響。他不願意回到自己的家鄉。他不願意回鄉，還有另外一個原因。尼可拉斯・B與他的哥哥——我的外祖父——很小就失去了父親。他們那位依然年輕而且過著相當富裕生活的母親再嫁，對象是個一文不名，但很有魅力，個性也很可親的人。他後來成了非常有愛心也很照顧孩子的繼父，遺憾的是，儘管他在教育與孩子個性的塑造上，給予了非常睿智的指引，但為了盡可能掌控財富，他卻用自己的名義買賣土地與進行投資，且刻意掩蓋資產真正所有權人的痕跡。如果一個人的魅力大到足以將妻子

17. 阿基里斯（Achilles）：希臘神話特洛伊戰爭中的英雄人物，也是荷馬（Homer）作品《伊利亞德》（*Iliad*）的核心人物，是弗提亞（Phthia）國王佩琉斯（Peleus, king of）與海中女神忒提斯提斯（Thetis）之子。

永遠都迷得神魂顛倒，而膽子又大到足以反抗公眾輿論、虛張聲勢的恐怖，那麼前述的行徑，就可能成功。

關鍵時間出現在一八一一年，那年兄弟兩人中的哥哥成年了，為了獨立生活，要求查看帳目並繼承部分的財產。他的繼父此時卻冷靜且不可轉圜的宣布，不會提交任何帳冊，兄弟倆也沒有任何可以繼承的資產。家裡所有的財產全成了他一人的私產。這位繼父對年輕繼子誤解事件的真實狀況一事，態度非常和善，但是，毫不令人意外，他覺得有責任堅守自己的立場。家中老友忙碌地來來去去，自願擔任協調者的人，似乎也從三個省分最遙遠的角落踏上令人覺得最恐怖的道路；司禮大臣（Marshal of the Nobility；所有出身高貴的孤兒的前官方監護人）集合眾地主召開了一個會議，目的在於：「以友好的方式，查明某某人與他繼子之間的誤會是如何產生，以及該如何制訂適當的方式，來消弭這樣的誤會」。

為此，一整個代表團的人造訪了這位某某人，結果對方拿出極佳的美酒招待，但完全拒絕聽取代表團的忠告。至於仲裁提案，某某人更是訕笑待之；只不過某某人在十四年前迎娶那位孀婦前，整個省分的人必然都知道他所有的可見財產（除了他的社交特質外），就只有一輛他總是坐著拜訪各家的時髦四馬馬車，外加配備的兩名僕人；而要推斷他在婚前可能擁有的任何資產，唯一的方式也就只有，他總是能非常準時的解決掉自己打牌輸的小小債務這個事實。到處都有人出於固執與不斷肯定堅持的魔力，言之鑿鑿地嘟囔著「中間一定有鬼。」在某某人下一個命名日[18]時（他總是會在這日舉行持續三天的盛大射獵聚會以示慶祝），他邀請的賓客中，只有兩個人現身，都是毫無重要性且住處隔得很遠的鄰居；其中一個是惡名昭彰的傻子；另一個儘管非常虔誠，也很正直，卻對槍枝有著無比的熱情。這位鄰人愛槍的程度讓他親自承認，這樣一個射獵聚會，就算發出邀請函的人是魔鬼本尊，他也完全無法拒絕。某某人在面對這樣的輿論表態時，依然維持著問心無愧的平靜態度，拒絕被碾壓。不過這個人想必用情至深，當他妻子公開支持自己的兒子時，他優雅的平和態度當下崩解。他在表明心碎後，不但把妻子趕出了家門，還因為過於沉溺悲傷之中，根本沒有給妻子足夠的時間收拾行李。

這是一場訴訟官司的開始，一場令人嘆為觀止的惡質詐騙事件。某某人在這起詐

18. 個人的名字若與某位聖人相同，那麼這位聖人的瞻禮日（殉道日／feast day）就是個人的命名日。

騙事件中，用盡所有合法的詭計，而且持續了許多年。然而這也是一個展現善意與支持的時候。附近的鄰居全大開家門，接待無家可歸的母子。在訴訟過程中，母子三人並不需要任何法律或物質上的協助。至於某某人，他到處在公開場合泣訴繼子們的忘恩負義與他妻子的盲目溺愛，同時在隱藏重要文件的藝術上，展現了了不起的過人聰穎（大家甚至懷疑他燒毀了許多有趣的家族歷史文件）。為了避免更糟糕的事情發生，這場令人反感的訴訟事件仍必須以妥協的方式結束。最終這件案子中有爭議的資產部分，以滿足某某人所有要求的形式落幕，母子三人交出了兩座村子。

至於這兩座村子的名字，我無意在此讓讀者費神。至於那個向全世界成功展示了一次以性格、決心以及勤奮為基礎，而自助有成的典範之人，不論是他的妻子抑或繼子，經歷了毫無說服力卻又無能為力的結局之後，都對他無話可說。兩、三年後，健康狀況已完全崩解的曾外祖母在卡爾斯巴德（Carlsbad）去世。

因一紙法令而合法確保了戰利品所有權的某某人，重新回到了他習慣的平靜之中，繼續在鄰近的地區過著安逸的生活，而且看起來心安理得。他的大型射獵宴會又開始賓客如織。他毫不厭煩地向所有人保證，自己對過去沒有任何懷恨；他高調宣稱對妻子與繼子恆久不變的愛戀。是真的，他這麼對大家說，他的妻子與繼子曾經在他不如意的時候，試著讓他赤身裸體地有如土耳其聖人；他只是對這樣的掠奪行徑做出了自衛的反應，任何人碰到這樣的情況都會這樣做，但他就此被他們母子拋棄，現在只能活在孤獨晚年的恐懼中。然而儘管經過這些殘酷的打擊，他對他們的愛依然如昔。

他的這些抗議，或許帶點真心，因為他很快就主動向他的繼長子，也就是我的親外祖父，釋出了善意。當他的行為遭到無庸置疑的拒絕後，他依然以獨有的固執態度，一次又一次地不斷伸出友誼的手。這位前繼父努力不懈地想要和解，並堅持了許多年，他承諾只要我外祖父願意重新建立最起碼程度的友誼，譬如不時的互訪（他們住的地方相當近，距離大概只有四十哩左右），或甚至只要出席他命名日當天的活動，他就會立下一份對外祖父有利的遺囑。

我的外祖父熱衷並喜愛所有的娛樂活動，擁有一副可以說是天底下最不冷酷，也最不會仇視他人的好性子。因為當時南方唯一一所具相當地位的公立學校，是由本篤會直接管理，所以他師從思想自由的本篤會修士，也深度閱讀過十八世紀的眾多作者作品。外祖父體現了基督教的仁慈，以及對人性弱點的豁達縱容。然而早年那些悲慘焦慮的記憶，以及一場卑鄙官司帶來的犬儒思維，剝奪了他身為年輕人的一切豐富想像等經歷，全橫梗在寬恕的道路上。他一直沒有屈服在盛大射獵活動的魅力之下。至於那位決心獲得和解，並矢志奮鬥到最後一刻的某某人，一直把隨時可以簽名的遺囑草稿擺在床邊，最後在沒有立下遺囑的情況下過世。

經過了高明且謹慎的安排，某某人的財富就這樣傳給了他從未見過面，甚至連姓氏都與他不同的一位遠親。

同一時間，普遍的和平降臨歐洲。尼可拉斯．B 先生與他好客的親戚，也就是那位「無懼」的奧地利軍官告別，離開了加利西亞。他並沒有去故鄉附近的地方，因為當時那場令人憎惡的官司還在持續進行中，他直接去了華沙，加入了由亞歷山大一世（Alexander I）所領導的新興波蘭王國的軍隊。當時所有的俄羅斯都由亞歷山大一世獨裁治理。

維也納會議所設立的波蘭王國，是承認這個國家之前獨立存在的一種表態，卻只納入了舊波蘭領土的中間省分。擔任這個新興王國總督與總司令的康斯坦丁大公(Grand Duke Constantine，帕布洛維奇／Pavlovitch），是國王亞歷山大一世的弟弟。他無視身分差異，娶了一名熱戀的波蘭女子，並愛屋及烏地將這份愛戀擴展到，他以一種任性而野蠻方式所稱的「我的波蘭人民」身上。這位臉色蠟黃，頂著一副韃靼人的相貌與一雙凶猛小眼睛的大公總督，走路時總是攥著拳頭，身體前傾斜，猜忌的目光從巨大的三角帽下射出。他的聰明才智有限，理智也值得懷疑。遺傳上的缺憾在他身上清楚顯現，迥異於他的兩個兄弟亞歷山大與尼可拉斯（Nicholas）僅是隱密地影響性格傾向——只不過呈現出來的方式迥異，一個是神祕的自由派，另一個則是神祕的獨裁主義——而且他無法控制自己暴怒的脾氣，總是在閱兵時，以令人厭惡的辱罵行為做為發洩。

大公總督是個激情的軍國主義者，也是個令人稱奇的軍訓教官。他對待麾下的波蘭軍隊，猶如被寵壞的孩子對待最喜歡的玩具，唯一的差別只是他無法在晚上帶著不夠小的波蘭軍隊玩具上床睡覺。但是他日復一日地耍著軍隊玩，從不同的漂亮制服與完全不停歇的軍事演練中取樂。他這種想要什麼就得達成什麼的幼稚激情，不是為了戰爭，純粹只是為了軍國主義。

在一八三〇年底，就當時的瞭解，波蘭軍隊不論在配備、軍備，或戰場實力等各方面，都已成為第一流的戰術工具。波蘭的農民（非農奴）透過徵召入伍服役，但是軍官卻主要集中在較小範圍的貴族團體。

尼可拉斯・B先生憑藉著當初在拿破崙時代的功績，毫無難度的得到了一個中尉官階。但是波蘭軍隊裡的升遷很緩慢，因為這個身為獨立組織的軍隊，並沒有參與俄羅斯帝國與波斯或土耳其的戰爭。這個軍隊的第一場戰事，打的就是俄羅斯，而那也成了他們最後的一場戰事。

一八三一年，革命[19]爆發，尼可拉斯・B先生當時是他那個軍團的資深上尉，並在前不久才被任命為駐紮在波蘭王國外，我們南部省分馬匹採購與訓練單位的負責人。波蘭騎兵的馬匹幾乎全部出自那些南部省分。尼可拉斯・B先生十八歲離家，從弗里蘭德戰役開始他的軍旅生活後，這還是他第一次呼吸到「邊境」的空氣，也是他祖國的空氣。尼可拉斯・B先生年輕時，等待他的並不是友善的命運。華沙革命的消息一傳來，所有馬匹採購與訓練單位的人，不論軍官、「老兵」，或騎兵，所有的人立即遭到逮捕，並被快馬加鞭地全送去了聶伯羅河（Dnipro River）對岸的俄羅斯本土最近的城鎮。他們在那兒被分散到俄羅斯帝國各個偏遠的地區。

可憐的尼可拉斯・B先生這一次所深入的俄羅斯，要比拿破崙入侵那時更遠，而且更不情願。目的地是阿斯特拉罕（Astrakan）。他在那兒待了三年，可以在鎮上自由行動，但每天中午必須親自到軍事指揮官那兒報到，而對方總是常常把他留下來抽個煙斗或聊一聊。實在難以想像與尼可拉斯．B先生聊天的樣子。他的沉默寡言背後必然壓抑了許多憤怒，因為這位指揮官會向他提起戰區的消息，而這些消息——儘管不多——對於波蘭人來說，卻都是非常糟糕的消息。在尼可拉斯．B先生表情冷淡地接收著這些訊息的同時，那個俄國人對他的禁俘卻展現出友好的同情。

「我自己就是個軍人，我瞭解你的感受。你當然希望能在最危險的前線。老天爺啊！我實在太喜歡你了。如果不是入伍宣誓的那些條款，我真想讓你來接任我的職務。多一個你跟少一個你，會給我們帶來多不一樣的景象啊？」

有些時候這位指揮官純粹就只是不解。

「說說看，尼可拉斯．史蒂凡諾維奇（Nicholas Stepanovitch；我舅公的名字是史蒂芬〔Stephen〕，這位指揮官用的是俄羅斯式的禮貌稱呼）——說說看，為什麼你們波蘭人老是在找麻煩？你們還期待從對抗俄羅斯的行動中得到什麼呢？」

19. 十一月起義（November Uprising）：一八三〇年十一月源於華沙的波蘭武裝革命，又稱軍校生革命（Cadet Revolution），由波蘭王國陸軍軍事學校的軍官發起推翻俄羅斯帝國統治的軍事行動，波蘭王國、立陶宛、白俄羅斯與烏克蘭地區都有人響應，但最後以失敗告終。

這位指揮官也具備哲學反思的能力。「看看你們拿破崙現在的處境。偉人。如果打敗那些德國人、奧地利人，還有那些國家，他就能心滿意足，那麼他的確是個偉人，這點無庸置疑。可是他不滿足！他偏偏要去俄羅斯找麻煩，結果呢？結果就是你看看我；我曾在巴黎的人行道上，把我這把軍刀舞得呼呼作響。」

回到波蘭後，每當有人成功誘使他提及流放生活的狀況時，尼可拉斯．B先生都會形容自己是個「受到敬重但愚蠢的人」。他拒絕了當局提議讓他重回俄羅斯軍隊的選擇，退役時只領到了他那個官階的一半退休金。

他的姪子（我舅舅，同時也是我的監護人）告訴我，他在四歲時對這個叔叔的第一個難忘印象，就是當尼可拉斯．B先生從俄國的居留地返家時，父母作主的家中洋溢著開心的興奮氣氛。

每一個世代都有屬於自己的記憶。

波蘭最後一次遭到瓜分的事件，很可能對尼可拉斯．B先生一開始的記憶有所影響，而他又活得夠久，承受了一八六三年最後一次武裝起義[20]的痛苦。那次的武裝起義影響了我這一整代人的未來，對我最早期的感觸，也留下了濃墨重彩的影響。他在他哥哥家避居了約十七年，對生活中最常見的問題，總是一派厭世的膽怯態度。但是他的哥哥在五十多歲就去世了，自此尼可拉斯．B先生必須鼓起勇氣面對這個關鍵時刻，並做出一些攸關未來的決定。在經過了長時間的痛苦猶豫之後，終於有人說服他從附近一位朋友的莊園中，租下約一千五百英畝的土地。

租約的條款對他很有利，不過我猜這個決定的最大誘因，應該是土地隸屬的村子，環境僻靜，以及一棟樸實舒適又維護得很好的房子。他在那裡安靜的生活了大概十年，鮮少見客，也不參與那個省份的公眾生活，猶如還生活在一個獨斷獨裁的官僚苛政之下。沒有人會懷疑他的品格與愛國情操，但是組織革命起義的人在頻繁來往於這個省分時，卻會小心翼翼地避開他的屋子。大家都認為不應再有人去打擾這位老人最後幾年的時光了。即使他在拿破崙莫斯科軍事行動期間的親近戰友，以及後來同在

20. 一月起義（the January Uprising）：一八六三年一月在波蘭王國的波蘭人為了推翻俄羅斯統治以及復國獨立所發起的武裝革命，很快擴及到立陶宛與其他地區，戰事持續了十八個月，為波蘭遭到瓜分後持續最長的一場起義。以失敗告終。

波蘭軍中擔任軍官的我祖父，也隨著革命起事日期的接近，儘量不去探訪老友。

我祖父的兩個兒子與唯一的女兒都參與了那次的革命工作，而且涉入很深。祖父自己則是那種波蘭鄉紳，對於愛國行動的唯一理念就是：「上馬把他們全趕出去。」然而就算是他，也同意「一定不可以打擾親愛的尼可拉斯」。

然而所有這些出自朋友的體貼謹慎，不論是謀劃者還是配合者，都沒有辦法阻止尼可拉斯．B深刻地感受到那不祥之年的厄運。

當革命行動在國家的那個地區開始還不到四十八個小時，一個中隊的哥薩克偵察兵就穿過村子，侵入了村民的農莊。士兵們大多都待在馬上，列隊立在屋子與馬廄之間，但仍有些人下馬，粗暴的翻搜了許多外屋。指揮的軍官在兩個人的陪同下，走到了前門口。屋子那一側的所有百葉窗全都放了下來。

軍官告訴應門的僕人，他要見這家的主人。

僕人回答：主人不在家。這個答案完全是實話。

後來我是在這裡，從舅公的朋友以及親戚的僕人那兒，追蹤到了這個我已聽過許多遍的故事。

那位一直站在門廊外的哥薩克軍官在聽到這個答案時，邁步走進了屋內。

「那麼你的主人去哪兒了呢？」

「我們的主人去了傑……」（五十哩外的政府城鎮所在）。「前天去的。」

「馬廄裡只有兩匹馬。其他的馬呢？」

「我們的主人出行，一向都用自己的馬。」（意思：不是搭乘驛車）「他會離家一週或更長的時間。他當時還很開心地對我說，他必須在民事法庭處理一些事情。」

僕人在回答這些問題時，那名軍官一直在打量著屋子裡的大廳。

屋子裡有一扇正對著這位軍官的門，另外左、右也各有一扇門。這位軍官決定進入左邊那間房間，並下令把百葉窗拉起來。那是尼可拉斯．B先生的書房，裡面有兩、三個高書架，牆上掛了幾幅畫，還有一些其他的東西。中間那張大工作台旁邊有書和文件。在房門與採光極好的窗子之間，還有一個相當小但配備了好幾個抽屜的寫字桌。我舅公通常就是坐在這張寫字桌子後面閱讀或寫字。

僕人在拉開百葉窗時，非常震驚地發現全村的男人都聚在了門前，踐踏著花圃，中間夾雜著幾名婦女。不過在看到村子裡的（東正教）神父正走上車道時，又感到開心。這位倉促趕過來的好人，因為匆忙，把法衣捲得和靴子上緣齊高。

屋裡的哥薩克軍官對書架上的書後方做了一番檢查後，一屁股坐在工作台的邊緣，輕鬆的開口：「所以你的主人進城都不帶你？」

「我是僕人長，他讓我負責家裡的一切。陪同我們主人出行的是一個年經強壯的小伙子。如果路上出了什麼意外，他要比我有用多了。但願不會發生這樣的事情。」

這名軍官掃瞄了窗子一眼，看到神父正在厚厚的人牆中激烈的爭論，而周遭的人似乎也因為他的介入而有所克制。門口有三、四個男人正在與哥薩克士兵說話。

「所以你並不清楚你的主人可能去加入叛軍——囉？」這名軍官這麼問。

「我們的主人年紀太大了，絕對不可能這麼做。他已經七十多歲了，身體也愈來愈虛弱。他好幾年沒有騎馬了，而且現在也走不遠。」

哥薩克的這名軍官晃著腿坐在工作台上，安靜的不發一語，表情淡漠。這個時候，在門口與哥薩克騎兵說話的農民，獲准進入屋內的大廳。群眾中有一、兩個人走出來，跟著他們一起進屋。一共七個農民進入屋內，其中一人是鐵匠，他曾在軍中服役。

僕人恭敬的向這名軍官懇求。「大人，您可以告訴這些人，讓他們回自己的家嗎？他們幹嘛一定要像這個樣子往屋子裡擠？趁著我們主人不在家，這樣做是很不好的，而我要對家裡的所有事情負責。」

那名軍官只是露出了稍縱一逝的笑容，接著過了好一會兒，才又問：「屋子裡有任何武器嗎？」

「有的。我們有些老東西。」

「拿出來，放在這張台子上。」

僕人再次尋求保護。「大人，您可以告訴這些人……」

然而那名軍官只是靜靜的看著他。軍官的眼神讓僕人立即放棄了懇求，匆匆喚來了最低階的僕從，幫忙收拾屋裡的武器。同時，這位軍官慢慢的走過屋裡所有的房間，專注的檢查一切，不過並沒有觸碰到任何東西。在他走進大廳，經過農民身邊時，農民立即後退、脫帽。他沒有對他們說任何話。等他再次回到書房時，屋子裡的武器已經全都攤在工作台上了。有兩把拿破崙時代的大型皮套燧發手槍、兩支騎兵馬刀，一支是法國軍隊用刀，另一支則是波蘭軍隊的刀型，另外還有一、兩把獵槍。

哥薩克軍官打開了窗子，把手槍、刀與獵槍一個接一個地丟出窗外，他的士兵則是跑上前將這些武器撿起來。大廳裡的農民受到他這種態度的鼓舞，偷偷跟著溜進了書房。那名軍官沒有表現出發現任何農民存在的樣子，而且他的任務顯然已經達成，一言不發地大步離開了這間屋子。他一離開，書房裡的農民立刻重新戴上了帽子，開始對彼此露出微笑。

哥薩克的軍隊騎著馬離開了，他們穿過家庭農場的院子，直接朝著野外奔去。仍在和農民爭執的神父也慢慢沿著車道往下走，他真誠而具說服力的論點，讓沉默的群眾願意跟在他的身後，離開屋子。

這一次的公道，全都要歸功於這位希臘正教的教區神父，儘管他們是這個國家的陌生人（全從俄羅斯內陸被吸引而來），但是他們大多數人卻能利用對教民的影響力，致力於和平與慈愛的行為。他們忠於自己天職的召喚，試著撫平激動農民的激情、反對劫掠與暴力，他們在任何可以使得上力的時候，都會不遺餘力的努力。農民們這一次的行為，明顯違抗了威權當局清楚表達的期待。後來他們當中的某些人，因為這次的違抗行為，猝不及防地被送去了遙遠的北方或西伯利亞的一些教區。

屋子裡的僕人急著想把那幾個已經進入屋子的農民趕走。這是要幹什麼？他問這些人，把目標放在一個多年來對村民始終友善又體貼，而且只是房子租戶的人身上？再說就在前幾天，老先生才剛同意開放兩片草地，給農民做為牧養之地。僕人還提醒這幾個人，關於尼可拉斯・B先生在霍亂流行期間所付出的貢獻。這名僕人說的每個字都是事實，而截至當時為止，他說的話對這些不請自來的不速之客，具有一定的影響。

農民們撓著頭，看起來有點猶豫不決。

僕人接著指向窗子，大聲說，「你們看，你們的群眾都默默離開了，你們這些笨蛋最好也跟著他們一起走，祈禱上帝寬恕你們邪惡的念頭。」

這幾句呼籲之詞，成了一次壞事的鼓舞之語。

屋裡的幾個人推推攘攘地擠到窗子前，想看看僕人說的是真的嗎，結果推倒了那張小寫字桌。桌子翻倒時，大家聽到了錢幣散落的叮噹聲。

「那裡面有錢！」其中的鐵匠大喊。

轉眼間，這張精美家具的表層部分就被砸了個稀爛，而那躺在地上的抽屜裡，露出了八十個五毛錢的帝國硬幣。那個時代，金幣甚至在俄羅斯都是極其希罕的東西；這些金幣讓農民們完全失去了理智。

「屋子裡一定還有更多這玩意兒，我們通通都要！」那名曾當過軍人的鐵匠這麼喊。

「現在是戰時。」其他人已經開始對著窗外大叫，慫恿著屋外的群眾進來幫忙。

在大門口突然被拋下的神父，高舉著雙手匆匆離開，就好像不願意看到即將發生的事情一樣。

搜尋金幣的過程中，這些鄉下的暴民砸毀了屋裡所有的東西，他們拿著刀子刮劃、揮著斧頭劈……根據那名僕人的說法，最後整間屋子裡連兩塊合在一起的木頭都找不到。他們打破了非常精緻的鏡子、所有的窗子，以及每一件玻璃製品與瓷器。他們把書與文件全丟到屋外的草地上，並放了一把火，全燒了，顯然只是為了取樂。這群人留下的唯一完整物品，是一個小小的象牙十字架，依然掛在遭到摧殘的臥室牆上。十字架之下，是胡亂丟放的地毯，以及曾經是尼可拉斯・B先生床架的破碎桃花心木與被劈裂的木頭碎片。

大破壞期間，暴民們發現僕人正要偷偷藏起一個上了漆的錫盒，於是他們上前一把搶了過來。僕人劇烈的抗拒，就被暴民們從餐廳的窗子直接丟出屋外。儘管這間屋子是棟平房，但比地面高出許多，而僕人又是被用力摔出屋外，傷勢嚴重到只能僵直地躺在地上，完全無法動彈，直到日落西山，家裡的廚子與馬童才從藏身的地方出來，冒險把他抬走。不過到了那個時候，暴民們早已帶著那個他們以為放滿了紙鈔的錫盒離開了。

這些人走出屋子一段距離後，在一塊田地當中，撬開了盒子。結果發現裡面只有羊皮紙文件以及兩面勳章——榮譽軍團勳章、英勇勳章。鐵匠一看到這些東西，立即向同伴解釋，那是俄羅斯沙皇頒發的榮譽標誌。大家這才為自己的所做所為感到極端恐懼。他們把所有的東西全丟進溝渠中，匆忙解散。

尼可拉斯．B先生在得知丟失了他的錫盒後，完全崩潰。他家遭到洗劫的事情，對他的影響反而沒那麼嚴重。當他還因為驚嚇過度而臥床時，兩枚勳章被找了回來，物歸原主。這一點似乎有助於他身體的緩慢恢復，但是那只錫盒與羊皮文件，儘管大家搜遍了附近的所有溝渠，卻始終無所得。他一直對丟失的榮譽軍團勳章文件耿耿於懷。那份羊皮紙文件的序言，闡述了他在軍中的服務，而他對序言中的每一個字都熟悉在心。

這次打擊之後，他有時會噙著眼淚，主動背誦文件上的內容。在他人生最後兩年的生命中，這遺憾顯然一直在糾纏著他，並且情況嚴重到讓他一再背誦文件上的內容給自己聽。這種景況，從他的老僕人到較親密的老友口中，都可以一再得到證實。

「讓我心情沉重的是，聽到我們的主人晚上在他的屋子裡，走來走去，大聲的用法文祈禱。」

這些應該是在我見過尼可拉斯・B先生一年多以後的事情了——或者，更正確的說法，應該是他見過我——而那也是我們最後一次的見面。如之前所述，我母親在流放期間的那三個月[21]假期裡，住在她哥哥的房子裡，親朋好友從各地趕來向她致意。若說尼可拉斯・B當時不是其中一員，根本無法想像。他抵家當天，將那個只有幾個月大的小娃娃抱在懷中，經過了多年的戰亂與流放後，藉由承受流放之苦，輪到了這個孩子來承認了他的救國信念。我不知道我們離開的那一天，他是否還在那兒。

我之前就已承認，對我而言，尼可拉斯・B先生之所以是個比較不一樣的存在，是因為他年輕時，曾在披雪罩霜的陰鬱松樹森林深處吃過烤狗肉。這件事讓我無法將他置於一個隨便的記憶場景中。鷹鉤鼻、有點絲滑的白髮，扣子總是扣到喉嚨，一個削瘦、纖弱、直挺、具有軍人特質的人，一個沒有什麼關係且轉眼即逝的印象，是尼可拉斯・B先生當下僅存在這個世界上的記憶。這個人沉默寡言一生中所經歷的一切，現在應該只剩下了一個模糊的影子，由他的外甥孫——我這個我想可能是最後一個還活在世上的人吧——繼續在記憶裡追尋著。

話說回來，我清楚記得母親與我離開舅舅家，重返流放生活那天的情景。由四匹驛馬拉的一輛加長型長途馬車，怪異而破舊，停在舅舅家長長的門口，房子前寬廣階梯的兩邊，各豎立著四根柱子，一共八根。階梯上站著一小群一小群的僕人、少數幾位親戚，還有鄰近的一、兩位朋友，但現場安靜無聲，每個人的臉上都是嚴肅專注的表情。我的外祖母穿著一身黑衣，隱忍的凝視著。我舅舅一隻手圈環著母親，朝著馬車往下走。我已經先被安置在馬車裡了。階梯的最上層是我的小表姊，她像位小公主般穿著一條紅色佔了許多面積的格子短裙，由家裡的女性長輩們照顧著。我們親愛的女總管胖胖法蘭切絲卡（Francesca，在B家族已服務了三十年），漂亮的農婦臉上寫滿了憐憫，曾經當過護士的她，現在負責管理屋子外所有的事情。

還有好心但長得很醜的杜蘭德小姐（Mlle. Durand），她是家庭教師，漆黑的眉毛在又短又厚的鼻根交會，平坦的五官有如一張淺棕色的紙。當所有人的眼睛全轉向馬車時，唯有她那雙和善的眼睛在淌淚，也是她那吸引到我的啜泣聲打破了現場的寂靜：「別忘了你的法語，親愛的。」（N'oublie pas ton francais, mon cheri）短短的三個月，她僅憑藉陪著我玩，不只教會了我說法語，還培養出了我的法文閱讀能力。她真的是一位非常優秀的玩伴。

21. 前面內容為四個月。

稍遠處，在距離大門還有一半路程的地方，有輛俄羅斯風格的開放式輕便三馬馬車側立在路邊，車子裡坐著這個區域的警察隊長，平頂帽的帽簷有條紅帶子，垂下來遮住了他的雙眼。

這位警察隊長竟然如此謹慎地在這裡目睹我們的離開，似乎有點奇怪。儘管我並不想輕率地認定全世界的帝國主義者都如此膽小，但我還是要放任自己表達一下看法。一名女子，特別是一名已被醫生判了死刑的女子，加上一個不滿六歲的小男孩，就算是站在背負著最神聖責任的——一個大家可以想像得到的——最大帝國立場，應該也不至於被視為極度危險的對象吧。我想應該連那位好心的警察隊長都不會這麼想。

後來我才聽說，他那天之所以出現在現場的原因。我不記得當時有任何顯現在外的跡象，但是似乎在大概一個月前，我母親的身體迅速惡化，有人懷疑她是否適合在這個時候長途旅行。在這樣不確定的情況下，基輔的總督提出陳情，希望當局同意讓她在她哥哥的家裡再多住兩個星期。這份陳情並沒有接獲任何回覆。然而某天的黃昏時分，這位地區的警察隊長駕著馬車來到家裡，我舅舅的貼身男僕跑出去迎接他，他對男僕說希望能立刻私下與這家的主人說話。對此留下深刻印象的男僕（他以為有人要被逮捕了）「被嚇掉了大半條命」，根據他後來的敘述，他為了不引起屋子裡各位女士的注意，偷偷帶著警察隊長穿過了家裡黑暗的大會客室（那個房間並非每天晚上都點燈），躡手躡腳地領著對方借道橘園，進入了舅舅的私人房間中。

這名警察毫無預警地塞了一張紙到我舅舅的手中。

「給你。希望你看一下上面寫的內容。我沒有立場給你看這張東西。我這樣的行為是錯的，但是有這麼一份工作懸在頭上，我既吃不下，也睡不著。」

這位警察隊長是大俄羅斯人，已在這個區域服務了許多年。

我舅舅打開了那張折起來的紙，看了文件上的內容。那是總督祕書處發出來的一紙勤務令，回應陳情那件事，文件中指示警察隊長漠視醫生或他人對我母親病況的所有忠告與解釋，「若她還不離開她哥哥的房子」——這份文件繼續寫道——「在她核准函指定日期的當天早上，你就立即派人直接（直接兩個字下還有畫線）將她遞解至基輔的監獄醫院，她會在那裡接受需要的治療。」

「我的老天啊！Ｂ先生，你要確保你妹妹那天準時離開。不要讓我對一個女人——也是你的家人，做出這樣的事情。就算只是想一想，我都無法忍受。」他毫不誇張地在擰著自己的雙手。

我舅舅沉默的望著他。

「謝謝你的示警。我向你保證，她就算快死了，也會被抬上馬車。」

「也是——確實——又有什麼不一樣呢——不論去基輔或回到她丈夫身邊？她都必須離開——不管是死還是活。另外要跟你說一聲，B先生，當天我會到場，不是懷疑你的承諾，而是我必須在場。我必須。職責所在。都一樣，我的這份工作也不是什麼好差事，你們有些波蘭人一直在造反，所以你們所有的波蘭人都得因此受苦。」

這就是他為什麼當天也坐在一輛開放式的輕便三馬馬車裡，停靠在舅舅家的大門與房子之間的原因。他做為一個護衛帝國偉大功績的人，神經過敏到應該受到譴責，真遺憾我無法把他的名字透露給相信征服權力的信仰者。但是話說回來，我卻可以把那個用張小小紙條加上簽名當作命令，要求「一絲不苟地執行命令」的總督名字告訴大家。他叫做貝札克（Bezak），一名高階顯要、一名精力旺盛的官員，也是俄羅斯愛國媒體時代的偶像。

每一個世代都有屬於自己的記憶。

第四章

從舅舅離開房間，到晚餐舅甥再見這期間的半個小時裡，大家千萬不要以為我把《奧邁耶的癡夢》拋在腦後了。之前我已承認過，第一本小說是因為無所事事才開始的創作——一項假期計畫——我想自己大概也給各位留下了一個印象，讓你們以為這本書的進展應該延宕了很長的時間。即使我認為寫完這本書的願望，要實現的機會很小，但是腦子卻從未忘記過這本書。

很多事情橫亙在這本書的前面：每天要做的份內工作、新的想法、舊的記憶。《奧邁耶的癡夢》並非出於需求——藝術家在尋找創作主題時，那種眾所皆知的自我表現需求。驅使我寫這本書的必要力量是一種隱密、模糊的必要性，那是一種完全被遮掩住，且無法說清楚講明白的現象。也或許是當我獨自一人，既沒拿著地圖，也沒用指南針，悠閒走在倫敦的東區與西區，探索街道時，某個無事可做的無聊魔法師（倫敦一定有魔法師的存在）從他家客廳透過窗子對我施了魔咒。我在下筆寫這部小說之前，除了寫信，什麼都沒寫過，甚至連信都寫得不多。我從來沒有為自己所看到的景況、感想，或生活中的任何一件趣事記過筆記。即使在我坐定開始下筆時，一本經過設計的書的這個概念，也從未出現在我的思想範疇之內。我從來沒有當作者的雄心壯志，就算是在那種沉浸於為自己所打造的美好白日夢中，靜止而麻木地活在富足安逸的想像世界裡，也沒有過這樣的想法：然而就在我的黑墨水字填滿了《奧邁耶的癡夢》手稿第一頁的那一刻（那頁大概有兩百字，我在之後寫作的十五年間，一直都維持一頁約莫兩百字的習慣），從我完成了那頁內容的那一刻開始，儘管當時心思單純，腦子也無知的令人驚訝，但我想成為作者的冀望，卻變得清晰有如正午驕陽，寫完的那一頁，讓一切化木成舟。

從來沒有人在踏上不歸路（Rubicon）[22]時，曾如此盲目，既不向上蒼祈求，對人類也沒有恐懼之心。

那天早上吃完早餐後，我把椅子向後推開後，用力的搖鈴，或者不該說用力，而應該說意志堅定，也可以說是急切——我也不知道該怎麼形容才對。但是我要彰顯的意思是當時特殊的搖鈴方式，一種儘管是普通的鈴聲，卻讓人印象深刻，就像劇場為新場景拉開布幕時所搖出的鈴聲。我很少這麼做。我向來都是拖拖拉拉、慢吞吞地吃早餐，鮮少會搖鈴麻煩他人來收拾桌面。但是那天早上，因為某種隱藏在事件普遍神祕性當中的原因，我並沒有拖拖拉拉，但是也沒有吃得匆匆忙忙。我隨性的拉了拉鈴繩，當那輕微的叮噹聲傳到地下室的某處時，我一如平常地把菸草塞進煙斗裡，確實有點心煩意亂的用眼睛找著火柴，但我可以發誓，自己當時絕對沒有透露出任何明確的狂暴跡象。

其實我足夠沉靜自持，因為過了一段時間後，我看到火柴盒就擺在我眼皮底下的壁爐架上。截至當時為止，一切都美好而安然的正常。我還沒來得及把火柴丟掉前，房東的女兒已過來站在門口了。她冷靜、蒼白的臉孔上，是一副好奇的表情。最近應鈴聲而來的人都是房東的女兒。

提起這個微不足道的事實時，我有些自負，因為在過去三、四十天的租住期間，

22. 盧比康河（Rubicon）：義大利東北部的一條淺河，是羅馬帝國時代山南高盧省（Cisalpine Gaul）與義大利的天然國界。西元前四十九年，凱撒違抗帝國命令，帶兵跨過此河，造成了帝國內的暴動、叛變與內戰。「跨過盧比康河」（crossing the Rubicon）後來就被用來指踏上不歸之路。根據某些作者的作品，凱撒在渡河前，曾說出「alea iacta est」（the die is cast／木已成舟）這句話。

我在大家心中還算受歡迎。連續兩週，我都沒有看到家奴那種令人倒胃口的事情。在這棟位於貝斯伯勒花園（Bessborough Gardens）的房子裡，提供服務的女孩經常變動，但是不論高、矮、美、黑，她們都很邋遢，而且穿著格外破爛，就像在髒亂版的童話故事中，垃圾堆中的貓突然變成了侍女一樣。由房東女兒服侍，我由衷感到榮幸。她儘管有些貧血，卻很整潔。

「可以請妳立刻幫我清理一下桌面嗎？」我用有點狂暴的語氣對她這麼說，同時不斷的吸著煙斗。我承認，這個要求不太尋常。一般而言，吃完早餐後，我會拿本書坐在窗邊，隨便她們什麼時候清理桌面。然而各位讀者若以為我那天早上很沒有耐性，那你們就錯了，我記得當時自己非常平靜。事實上，我都不太確定自己想寫、有意思要寫，或心裡已經有了要寫的東西；都沒有，而且我也沒有不耐煩。我坐在壁爐與窗子之間，甚至並沒有刻意等著桌面被清乾淨。

十二點五十分的時候，房東的女兒還沒收拾好桌子，我拿起一本書，坐在那兒，享受著愉悅的慵懶。我非常確信當時的情景確實如此，我現在甚至連當時屋裡有些什麼書都不太清楚，但是不論那些是什麼書，都不是大師作品，書裡也找不到思路清晰、表達精準的祕密。

從五歲起，我就是個非常不錯的讀者，對於一個從來沒有意識到要去刻意學習閱讀的孩子來說，這或許並不是什麼太好的事情。十歲時，我已經讀完了許多維克多・雨果（Victor Hugo）與其他的浪漫作品。我讀的書有波蘭文，也有法文，我還讀了歷史、航海方面的書以及小說。我當時讀的《吉爾・布拉斯》（*Gil Blas*）與《唐吉訶德》（*Don Quixote*）是簡易版。小時候也讀波蘭詩人與一些法國詩人的詩作。但自己開始寫作前的晚上讀了些什麼，我卻說不出來，應該是本小說，很可能是安東尼・特羅洛普（Anthony Trollope）[23]的其中一本作品。可能性極高，我當時才剛剛開始熟悉他的作品。他是我初次接觸英文作品的幾位英國小說家之一。他的作品與狄更斯（Dickens）、華特・史考特（Walter Scott）[24]與薩克萊（Thackeray）[25]這些名滿歐洲

23. 安東尼・特羅洛普（Anthony Trollope）：一八一五～一八八二，英國小說家，有人認為他是英國維多利亞時期最能全面反映其時代背景的現實主義作家之一。著名的作品包括「巴塞特郡」系列（Chronicles of Barsetshire），由《巴徹斯特養老院》（*the Warden*）、《巴徹斯特大教堂》（*Barchester Towers*）、《索恩醫生》（*Doctor Thorne*）、《弗雷姆利教區》（*Framley Parsonage*）、《阿林頓小屋》（*the Small House at Allington*）、《巴塞特的最後紀事》（*the Last Chronicle of Barset*）等六部長篇小說組成。

的作家不同。

引領我進入英國想像文學世界的第一部作品，是狄更斯的《少爺返鄉》（*Nicholas Nickleby*）。在波蘭文的版本中，尼克比夫人（Mrs. Nickleby）可以用波蘭文東拉西扯地喋喋不休，而邪惡的雷夫（Ralph）也能夠以波蘭文表達他的憤怒，實在是太了不起了。至於克拉姆利斯（Crummles）一家以及家學淵源的史奎爾斯（Squeers）一家，波蘭文簡直就和他們的母語一樣自然。那是一本非常優秀的翻譯版，我一點也不懷疑。那應該是一八七〇年代。不過我真的覺得自己記錯了。《少爺返鄉》並不是我認識英國文學的第一本書。

我的第一本入門書是莎士比亞的《維羅納二紳士》（*Two Gentlemen of Verona*），而我看的是我父親親自翻譯的手稿。當時我們在俄國流放，距離母親辭世應該還不到一年，因為我記得自己還穿著重孝期間那鑲著白邊的黑色襯衫。父親與我一起住在T鎮外圍的一間小屋子裡，相當孤立。那日午後，我沒有去那個與我們房東共用的大院子裡玩耍，而是進入父親日常寫作的房間裡晃蕩。我很確定自己完全不清楚為什麼會有勇氣爬上他的椅子，不過兩、三個小時後，他發現我跪在他的椅子上，雙肘靠在桌子上，兩手撐著頭，腦袋下是他的手稿散頁。我的腦子當時一片混亂，以為自己要惹出大麻煩了。父親有些驚訝的站在門口看著我，然而在沉默了一會兒後，只對我說：「大聲唸出來。」

還好我眼前這些文稿沒有太多的刪除記號或修訂文字，除此之外，我父親的筆跡也很容易看懂。唸完時，他點了點頭。我飛快溜出門外，覺得自己幸運的逃過了因一時衝動大膽而招致的斥責。從那時開始，我試圖找出父親如此輕易放過我的原因，而且猜想自己在完全不知情的狀況下，在父親的心中贏得了可以和他的寫子桌建立關係的一定權利。

這件事距離後來我對著身體不好而臥床的父親，唸著他已經完成校對的維克多·雨果《海上勞工》（*Toilers of the Sea*）翻譯稿，讓他感到徹底滿意的時候，也不過才相隔一個月——或者僅僅只隔了一週。我相信那是我表現關心的方式，也是我第

24. 史考特（Sir Walter Scott），一七七一～一八三二，一歲半時罹患了小兒麻痹的蘇格蘭歷史學家、小說家、詩人與劇作家。最知名的作品包括《艾凡赫》（*Ivanhoe*）、《威佛利》（*Waverley*）。
25. 薩克萊（William Makepeace Thackeray）：一八一一～一八六三，出生於印度加爾各答的英國知名小說家與插畫家，著有《浮華世界》（*Vanity Fair*）等書。

一次接觸到文學中的海洋。

即使不記得自己是在何時、何地，以及如何學會閱讀，我也不太可能會忘記自己在大聲朗讀這門藝術上的受訓過程。可憐的父親本身就是一名令人欽佩的讀者，更是一位最嚴苛的大師。我非常自豪的回想起自己八歲閱讀《維羅納二紳士》時，對內容必然已經有了相當程度的瞭解與掌握了。再見到這部作品，是在一本價值五先令的威廉．莎士比亞戲劇作品集合訂版中，閱讀的地點是法爾茂斯（Falmouth）。那是一天裡的奇怪時間點，耳裡全是填塞船板隙縫工人在乾船塢裡，用大頭槌將填絮敲進船上甲板縫隙的喧鬧伴奏聲。我們的船在已經開始下沉的情況下，緩緩駛入了船塢，船員與北大西洋狂風已戰鬥了一個月，全都精疲力盡的拒絕工作。

書是人生活中不可缺少的部分，而莎士比亞的作品與我的回憶連結，先是喪母之慟的第一年，接著是我與父親流亡生活中的最後一年——他直接把我送到波蘭給我母親的哥哥，這樣他才能振作起來為分離做好準備。再來就是狂風大作的那一年，那是我在海上距離死亡最近的一年，一開始是水的威脅，接著又遭遇到了火的危機。

這些事情我全記得，但是寫作生涯開始前的那天，我讀了什麼，卻一點都想不起來了，就只有個模糊的概念，很可能是特羅洛普的政治小說之一。我還記得那天出現的人物。當時是秋天，一個帶著乳白色氛圍，像是蒙著面紗、半透明的燦爛日子，紅色陽光的火點與閃光，灑在屋頂與對面的窗戶上；廣場上，葉子全都掉光了的樹，猶如一張薄紙上的墨汁痕跡。那是倫敦充滿了神祕舒適和嫵媚柔和魅力的日子之一。由於貝斯伯勒花園靠近河，所以那個區域經常會出現乳白色的霧化效果。

我對那天光暈效果的記憶，照理不應該比其他任何一天更清楚，然而例外的是，那天當房東女兒帶著殘羹剩餚的杯盤離開後，我站在房間裡望向窗外，看了很長的一段時間。我聽到她把托盤放在走廊的地上，最後終於關上了門；我依然在抽著煙斗，背對著房間。顯然我一點都不急著一頭栽進寫作的生活中，如果「栽」這個字可以用來描述我第一次的寫作嘗試。我整個人都沉浸在遠離大海的水手懶散氛圍裡，遠離永遠沒有盡頭的勞動、永遠沒有中斷的責任與義務。如果水手進入了完全屈服於懶散的情緒中，你甚至連趕他上岸都做不到——那是一種完全徹底的不負責任。我覺得自己似乎就是什麼都不想，不過那是距離遙遠的多年之後，很難讓人信服的感覺。我可以確定的是，我根本沒有想過要寫出一個故事，但是我當時很可能在想著奧邁耶這個人，可能性甚至非常高。

距離那個時候大概四年之前，在距離婆羅洲某條河約四十哩外，一個快要支離的小碼頭，我在停靠在碼頭邊的輪船船橋上，第一次見到奧邁耶。

那是一大清早，空中飄著的薄霧——就像貝斯伯勒花園的乳白色霧氣，但沒有倫敦紅陽照在屋頂與煙囪管罩上的閃爍熾光——承諾著晚點會變成羊毛般的濃霧。河面上除了一艘小獨木舟外，放眼望去，沒有任何其他的動靜。我才剛從自己的艙房打著哈欠走出來。水手長與馬來水手正在翻修貨物鏈與檢測絞車；他們的聲音從甲板下傳上來，聽起來很壓抑，動作也都慢吞吞的。熱帶地區的破曉時分都有些寒涼。馬來司務長正要走上船橋，拿置物櫃裡的東西，他身子明顯可見正在發抖。河岸對面全都是黑暗而陰濕的森林；濕氣從船上的索具滴到穩穩伸展到甲板的雨篷上。就在我一邊發抖一邊打哈欠的時候，我看到了奧邁耶。他正穿越一片燒過的草地，那是一個模糊不清的影子，身後是一棟房子模糊不清的巨大輪廓。房子用席子、竹子與棕櫚葉搭建而成，有個高高尖尖的草屋頂。

他抬腳跨上碼頭。身上簡單的穿著印花圖案的寬鬆睡衣（印花圖案是黃色花瓣的巨大花朵，長在不太和諧的藍色土地上），裡面是一件棉質的短袖薄汗衫。他裸露到手肘的雙臂交叉放在胸前，一頭黑髮看起來已經很久沒有修剪了，有撮捲曲的頭髮橫過額頭。我在新加坡時就聽過他的名字，在船上也聽過他的事情，上午、深夜，吃早午餐與晚餐時，都會聽到他的名字。除此之外，在一個名叫普羅・勞特（Pulo Laut）的地方，還聽到一位自稱是某個煤礦管理者的混血男士提過他。

根據這位男士的描述，那個礦場聽起來既文明又進步，直到大家聽到他說那個礦場目前還無法營運，因為有些特別兇惡的鬼魂在作祟。另外在色雷貝斯島（Island of Celebes）一個名叫東格拉（Dongola）的地方，也聽過奧邁耶的大名。當時那個名不經傳的海港（這個海港不到十五潯深的地方無法下錨停靠，非常不方便）邦主（Rajah）很友善的上了船，只帶了兩名隨從，在日落餘暉下，與我的好友C船長喝了一瓶又一瓶的蘇打水。

我至少在他們大量的馬來語交談中，清楚的多次聽到奧邁耶的名字。沒錯，我的確相當清楚聽到了他的名字——奧邁耶、奧邁耶，並在那位又胖又髒的邦主聲如洪鐘的大笑時，也看到了C船長的微笑。親耳聽到一位馬來王毫無保留的大笑，我可以向各位保證，真是個稀奇的經驗。從我們統艙乘客（大多都是聲譽不錯的行商）口中，無意中也聽到更多奧邁耶的名字——這些統艙客人在船上隨處坐在席子、枕頭、棉被、木塊上，每個人都在身邊堆放著包裹與箱子，將自己圍起來，彼此聊著島上的事情。我發誓，我在半夜都還能隱約聽到有人低聲說著奧邁耶的名字。那時我正從船橋走去查看那個掛在船尾的船速儀，它在萬籟寂靜的海上，在船速儀室內持續叮噹作響了好幾哩。我並不是說我們的乘客會在睡夢中大聲說著奧邁耶的名字，毫無疑問，至少有兩名顯然晚上睡不著覺的乘客，試著在這個毫無睡意的時間，低聲用一點八卦趕走失眠的困擾，而他們無論怎麼談，都會聊到奧邁耶。

上了這條船的人，實在不可能完全避開奧邁耶；船上有一匹計畫要送去給奧邁耶的小馬被綁在前面，小東西在廚房裡搖著尾巴，讓我們的中國廚子倍感尷尬。奧邁耶要這匹馬的目的只有天知道，因為我十分肯定他根本不可能騎這匹馬，然而就是有這麼一個野心勃勃的人進口了一匹小馬，在這個人們每天都揮著無力拳頭的聚落地，只有一條最多僅四百公尺的路可以讓小馬通行，路的四周還圍著數百平方里格（league）[26]的原始森林。話說回來，誰知道呢？那匹峇里小馬或許涉及某個考慮深遠的方案、某個外交計畫，抑或是某個很有希望達成的密謀一部分。

事關奧邁耶，大家永遠也猜不透。他以偏離清晰思路的想法、令人難以置信的臆測掌控自己的行為，而他這些想法與臆測背後的邏輯，對任何有理智的人來說，都是解不開的謎題。我後來才知道這些事情。那天早上，我看到一個穿著睡衣的人影在霧濛濛的天候中走動，我對自己說，「就是他。」

他走到很靠近船邊緣時，抬起了滿是愁容的扁平圓臉，那撮捲髮懸在他的額頭上，也橫亙在一道沉重而痛苦的視線之上。

「早安。」

「早安。」

他盯著我看：我是個新人，剛取代他已熟悉的大副；我想這樣的新鮮面孔，就像一般的狀況那樣，喚起了他根深蒂固的不信任。

「還以為你們今天晚上才會到。」他這麼說，語氣中帶著猜疑。

我不知道他為什麼會覺得忿忿不平，但他看起來的確如此。我煞費苦心的向他解釋，C船長趕在天黑與潮汐變化之前看到了燈塔，有能力穿過淺灘，因此沒有任何事情可以阻止他在晚上逆河而上。

「C船長對這條河瞭若指掌。」我提出了推論性的結論，試著取得主動。

26. 里格（league）為歐洲和拉丁美洲舊時常用的長度單位，最早代表一個人在一個小時內可以步行的距離，因此各地的里格長度不盡相同。現在已棄用，粗略比較，約為現代三哩的長度。

「比他的指掌瞭解得更清楚。」奧邁耶這麼說。

我靠在船橋的橫杆上看著奧邁耶，他垂眼注視著碼頭，滿肚子忿忿不平的想法。然後他動了動腳；奧邁耶的腳上是雙厚底的草編拖鞋。晨霧已變得相當濃濕。身邊的一切都在滴著水——起重機、橫杆、船上的每一根繩子——就像老天降臨在宇宙間的一場哭泣。

奧邁耶再次抬起頭，以一種已經習慣了厄運打擊的男人語調，用幾乎讓人聽不到的音量問：「我想你們船上應該沒有像小馬這樣的東西吧？」

由於他已經將我的溝通頻率調整到他的小調調性上，於是我也以近乎耳語的音量告訴他，我們的確有一匹小馬。我同時還盡可能溫和的暗示他，馬兒一路上都有些不知所措。我急著想在開始處理貨物之前，先讓小馬下船。奧邁耶依舊看著我，而且看了很長的一段時間，眼裡盡是不可置信與愁緒，就像是我的說法很不可信似的。這種對任何有利於自己事情，都抱持著可悲的不信任態度，深深觸動了我，於是我又補充說：「這趟旅程並沒有讓小馬狀況更糟。他依然是匹很不錯的馬。」

奧邁耶完全沒有因此而變得開心；因為他的回答只是清了清喉嚨，再次垂眼看著自己的腳。我嘗試改用另外一種方式接近他。

「天啊！」我說，「在這樣潮濕的霧氣中散步，你不害怕感染肺炎、支氣管炎或之類的病啊！」

我對他健康狀況的關切並沒有安撫到他。他的回答是一句相當不友善的「不怕」，等於在說，連那條逃離厄運的路都已對他封閉。

「我來這兒只是……」一會兒之後，他含糊不清地這麼說。

「好了，既然你人已經到這兒了，我會立刻幫你把馬兒帶下來，你可以把牠帶回家。我真的不想讓他待在船艙裡。牠擋路。」

奧邁耶似乎依然存著質疑。但我堅持說：「我只需要把牠遛出來帶上岸，送到你面前。我非常希望能在艙門打開前把這件事情解決。那個小傢伙可能會從貨艙跳下去或做些其他要命的事情。」

「有韁繩嗎？」奧邁耶理所當然的這麼問。

「有，當然有韁繩。」我沒有再耽擱下去，直接趴到了船橋的橫杆上。

「水手長，把湍・奧邁耶（Tuan Almayer）的馬放上岸。」

廚師趕緊關上了廚房的門，一會兒之後，一場大混亂開始在甲板上演。馬兒精神抖擻的飛蹄亂踢，卡拉什（kalashes）水手全都跳開，水手長連續下了許多命令，連聲音都喊破了。突然間，小馬跳上了前艙門上方，牠的小蹄子發出了巨大的聲響，接著又跳了下來，舉起前腳，把身上與額頭上的鬃毛全甩飛成令人驚訝的狂野狀態，鼻孔大張、寬闊的小胸膛上綴著些點點泡沫，眼睛正噴著火。在十一個人的包圍下，馬兒依然強悍無比，狂暴、可怕、憤怒，隨時準備奮戰。小馬明顯在說著：哈！哈！牠非常生氣，不停地撲騰。十六名身強體壯的卡拉什水手圍著牠，就像不知所措的褓母圍著一個被寵壞了又在發脾氣的孩子一樣。馬兒不停甩著尾，弓著美麗的頸子，牠其實非常開心，頑皮的樣子非常迷人。牠的表現沒有任何一絲惡意，既沒有野蠻的掀齒，耳朵也沒有後伏。相反地，他用一種滑稽的挑釁態度，朝前頂向這些水手，毫無道德卻又可愛至極。我真想餵牠吃點麵包、糖、胡蘿蔔。然而生命就是個嚴峻的東西，責任感是唯一的安全指南。於是我硬起心腸，從自己站在船橋的制高位置，命令船上的人一起撲向小馬。

年紀較長的水手長發出了一聲怪異而含糊不清的叫聲，為大家做了示範。他是位非常優秀的船副，他的能力確實一流，鴉片煙抽得也不兇。其他人全一擁而上，壓制住了小馬，他們緊緊抓著馬兒的耳朵、鬃毛、尾巴，成堆地趴在牠的背上，十七個人，一個都不少。船上的木匠抓住貨鏈的鉤子後，飛身過去趴在那堆人身上。船副也非常令人滿意，可惜他有口吃。大家曾經看過一個皮膚稍黃、削瘦、悲苦的中國人結結巴巴的說著洋涇濱英文嗎？真的非常奇怪。加上他就是十八個人，我完全看不到小馬了！不過從這一堆人的搖晃與上下擺動的狀況，我很清楚人堆裡必然有個活的東西。

站在碼頭上的奧邁耶用顫抖的音調在歡呼：「噢，啊呀！」他站的地方並不能看到甲板上發生了什麼事，除非，或許，可以看到人堆中最高的人頭。他只聽得到混戰的聲音，一聲聲巨大又沉悶的聲響，就像是船隻正在被人敲成碎片那樣。

我朝他那邊望過去：「什麼事？」

「不要讓他們傷了牠的腿，」他這樣向我懇求，表情哀怨。

「噢，不要胡說八道！牠現在好得很，無法動彈。」

到了這個時候，貨鏈已經鉤住了裹在小馬身上的寬帆布帶；所有卡拉什水手全部同時朝不同方向各自跳開，滾倒在同伴的身上；令人欽佩的水手長一個箭步衝到絞盤後，啟動了蒸汽機。

「穩住！」我這麼大吼，看到那個動物被吊到起重機的頂端，我非常擔心。

奧邁耶在碼頭上不安的來回移動著那雙穿著草編拖鞋的腳。絞盤嘎嘎的響動停止，在一陣緊張又令人難忘的沉寂中，小馬開始搖蕩，穿越甲板。

小傢伙竟然如此柔軟！當牠感覺到自己在空中時，立即就以一種最美妙的姿態放鬆了所有的肌肉。四個蹄子碰撞在一起、頭垂得低低的，尾巴也沉著的垂著，維持絕對的靜止不動。牠讓我聯想到掛在金羊毛騎士團（Order of the Golden Fleece）[27]衣領上那隻可憐生動的小羊[28]。我完全不知道像馬這種體型的東西，不論死、活，竟然可以柔軟成這樣。小馬狂野的鬃毛成團的下垂，就只是一塊毫無生氣的馬兒毛髮；牠那挑釁的雙耳也塌著。但是隨著牠緩緩晃過船橋前，我注意到了牠那雙半張半閉的夢幻般眼睛中，有一抹精明的光芒。令人信賴的司務長眼裡淨是焦急，嘴巴卻裂出了一個大大的笑容，他小心翼翼的操作著起重機，緩緩移動。我興致勃勃的在旁監督。

「好了，應該沒問題了。」

起重機的頭停了下來。卡拉什水手把橫木排好。馬兒身上的韁繩在奧邁耶面前直直吊著，毫無動靜，像是一條拉鈴線。一切都是靜止的。我友善的建議奧邁耶應該抓住繩索，注意馬兒的動靜。他卻以一種挑釁式的隨性與優越態度伸出了一隻手。

「小心！放低！」

奧邁耶夠聰明，他把繩子抓在手上，但就在小馬四個蹄子接觸到碼頭的那瞬間，他卻以最愚蠢的樂觀心態讓一切功虧一簣。他沒有任何停頓、沒有經過思考，幾乎也沒有觀察狀況，就突然把鉤子從吊帶上解開，貨鏈在打到小馬的馬腿後，又盪回船邊，發出了一聲吵雜的碰撞聲。聲音大到我猜當下我一定眨了一下眼。我知道自己必然錯過了什麼，因為接著看到的景象，是奧邁耶的頭和背貼地的平躺在碼頭上。只有他一個人。

驚訝直接奪去了我好一陣子的說話能力，時間長到足以讓奧邁耶以悠閒但痛苦的姿態把自己收拾好。排著橫木的卡拉什水手們也全大張著嘴巴。晨霧隨著清拂的微風飛過來，霧氣很快就濃厚到完全遮住了岸邊。

「你到底是怎麼讓牠成功逃脫的？」我頗不友善的這麼問。

27. 金羊毛源於希臘神話中一隻會飛、會說話的金毛公羊，名為克律索馬羅斯（Chrysomallos）。英雄傑森為了合法獲得伊奧爾科斯（Iolcus）王位，與阿爾戈英雄（Argonauts）冒險尋找金羊毛。

28. 騎士團領章（collar of the Order），圖案就是一隻從腹部被吊起的羊。

奧邁耶注視著他刺痛的右手手掌，並沒有回答我的問題。

「你覺得牠會跑去哪兒？」我大叫。「在這樣的霧氣中，有任何地方設立柵欄嗎？牠會衝進森林裡嗎？現在該怎麼辦？」

奧邁耶聳了聳肩。

「我有些人應該就在附近。他們早晚會逮到牠。」

「早晚？很好，但是我的帆布吊帶怎麼辦？牠把帆布吊帶帶走了。我需要那條吊帶，現在就要，還有兩條色雷貝斯牛要下船。」

除了那匹小馬外，我們在東格拉還運了兩條美麗的島上小牛上船。這兩條牛被綁在前艙的另一邊。牠們搖著的尾巴，一直伸進廚房的門裡。不過兩條母牛不是奧邁耶訂的貨，單據上的收貨方是他的敵人阿布杜拉・賓・塞林（Abdullah bin Selim）。奧邁耶完全無視我的需求。

「如果我是你，我會努力去找出馬兒的去處，」我堅持的說。「你最好還是把你的人手召集起來或做些什麼？牠會把自己絆倒，傷到膝蓋，你知道，牠甚至會跌斷一條腿。」

然而已深深沉入自己抽象思考中的奧邁耶，似乎根本不想再要那匹小馬了。我對他這種突然之間的無動於衷感到非常訝異，於是主動把所有人都派上岸去找那匹馬，或者，至少要找到那條綁在牠身上的帆布帶。除了負責燒鍋爐的人與機械師外，輪船上所有的人都衝上碼頭，錯身經過沉思中的奧邁耶，消失在我的視線內。白霧把他們全吞噬了。周遭再次陷入了似乎綿延河流上下游好幾哩的深幽沉靜中。依然不發一語的奧邁耶開始登船，我從船橋走下來，在後甲板與他會合。

「你可以跟船長說，我很想見他一面嗎？」他這麼問我，語調低沉，眼睛打量著所有的地方。

「好的。我去問問看。」

C船長的艙門大開著。他有一副寬闊胸膛，剛從浴室出來，正用兩把大梳子梳著他那頭濃密的鐵灰色濕髮。

「奧邁耶先生對我說，他非常想和您見面，船長。」

我說這些話時，臉上帶著微笑。我也不知道為什麼要笑，只不過提到奧邁耶的名字卻不笑，好像根本就是不可能的事情。這種笑並不一定是歡快的笑。C船長轉過頭面向我，他也在微笑，卻不是很開心的樣子。

「小馬從他手中跑了，對嗎？」

「是的，船長。的確是從他手中逃脫的。」

「他在哪兒？」

「天知道！」

「不是，我是問奧邁耶在哪兒。請他過來。」

船長的艙房直接通往船橋下的艙面，我只需要在門道上向奧邁耶招招手。在此之前，他一直垂著眼睛待在後面，站在我剛離開的位置，一動也沒動。他情緒不太穩定地慢慢晃了過來，握了握手，之後立即要求船長關上艙門。

「我要跟你說個好故事。」這是我最後聽到的幾個字。

他語氣中的苦楚很不平常。當然，我遠離了那道艙門。在船上，我有好一段時間沒有人手可用，除了那名中國木匠，他的脖子上掛著一個帆布袋，手裡拎著一把榔頭，在空蕩蕩的甲板上走來走去，一絲不苟地把艙口的楔子敲出來，放入袋子中。無所事事的我，在引擎室門口與兩名機械師會合。那時已接近吃早餐的時間。

「他來的很早啊，是不是？」第二位機械師提出了他的看法，臉上掛著事不關己的微笑。這位機械師是個很節制的人，理解力不錯，對於人生抱持著溫和與理智的看法，就算是肚子餓的時候也一樣。

「是啊，」我說。「不要再談這個老先生了，他應該就是有些特別的事情要談。」

「他會編一個他媽的沒完沒了的故事。」首席機械師如此論斷。

他的笑容相當不友善。這位機械師的脾氣不太好，而且一大早就要忍受餓肚子的折磨。第二位機械師笑得嘴角高揚，在已經刮過鬍子的臉上擠出了兩道垂直的褶皺。我也在笑，但不是很愉快。這個在馬來群島任何地方提到名字，就不可能不微笑的男人身上，實在也沒有什麼值得讓人愉快的事情。

那天早上，奧邁耶沉默的與我們共進早餐，眼睛大多數時間都盯著他自己的杯子。我告訴他，我的人在他存放馬來膠的八呎深井邊，看到他的馬在霧中跳過了那個井。井的蓋子被移開了，井附近也沒有人看守，我所有的船員只差一點點就直接栽進了那個可怕的洞中。我們最棒的司務長朱魯穆迪．伊唐姆（Jurumudi Itam）擅長精細的針線活兒，一直都負責縫補船上的旗幟，也會幫我們的外套縫補釦和鈕釦，這次他因為被馬兒踢到肩膀而無法動彈。

奧邁耶的個性中似乎並沒有自責與感激這兩種感受。

他喃喃地問：「你是指那個海盜嗎？」

「什麼海盜？那個人在船上服務了十一年。」我憤怒的回應。

「我說的是他的長相。」奧邁耶嘟囔地說。這就是他全部的道歉了。太陽吞噬了霧氣。從我們坐著的後遮雨篷下，可以看到遠處，那匹馬被綁在奧邁耶家前的一根涼台柱子上。

大家靜默不語了一段很長的時間。

突然之間，奧邁耶顯然在影射著他之前於船長艙房裡談論的話題，他焦躁的隔著桌子大聲叫嚷：「我真的不知道我現在可以做些什麼！」

C船長只是吃驚的看著他，然後從椅子上起身。我們解散回到各自的工作崗位，但衣裝不整的奧邁耶，因為他只穿著印花圖案的寬鬆睡衣與一件單薄的汗衫，卻依然待在船上。他在舷梯附近徘徊，似乎無法決定該回家，還是要跟我們永遠待在一起。

我們的中國水手在走來走去的工作時，都會斜眼看著他。阿辛（Ah Sing）是我們主要的服務人員，也是中國工作人員中最英俊也最富同情心的人。他注意到了我的眼神，並在奧邁耶背後會意地朝我點了點頭。在早上的時間裡，我與他接觸了一會兒。

「嗯，奧邁耶先生，」我輕鬆的對他開口，「你還沒有開始看信。」

我們幫他把他的信帶來了。從我們吃完早餐開始，他的手裡就握著那捆信件。他在我說話時看了一眼手裡的信，有那麼一瞬間，他看起來像是要在那個當下鬆開手指，讓整捆信掉出船外。我相信他有這麼做的念頭。我永遠也不會忘記對自己的信件感到害怕的人。

「你離開歐洲很久了嗎？」他問我。

「不算很久。還不到八個月，」我對他這麼說，「我因為背痛，在三寶壟（Samarang）下船，在新加坡住院了幾個禮拜。」

他嘆氣。「這裡的生意很難做。」

「確實。」

「沒有希望！……看到那些鵝了嗎？」

他用拿著信的那隻手指著外面，似乎是一塊正在緩緩移動與搖擺橫過他院子遠處的雪地。接著那塊移動的雪地又消失在一些樹叢後。

「東海岸唯一的鵝群。」奧邁耶這麼告訴我，敷衍的嘟囔中，沒有一絲信心、希望或驕傲的火花。隨即，他又以同樣毫無任何具支撐力的精氣神態度，宣布他打算最遲在明天選一隻肥鵝送上船給我們。

我之前就曾聽說過這樣的慷慨事件。他送鵝給我們的姿態，猶如宮廷授勛給他們家經過考驗的朋友。我期待授鵝典禮上更盛大的場景。他送的這個禮物確實品質特殊、份量大又稀有。來自於東海岸唯一的鵜群呢！他賺得錢連一半的成本都拿不回來。這個傢伙一點都不知道他的機會所在。不管怎麼樣，我對他表達了充分的感激。

「你看，」他突然以一種很奇特的語調插話，「這個國家最糟糕的事情，就是無法理解……不可能理解……」接著他的聲音陷進了無精打彩的嘟囔之中。「當一個人有很大的興趣……非常重要的興趣……」他沒有什麼力氣地結束了這段話。「在河的上游。」

我們對視著。突然之間，他率先行動，做出一個怪異的鬼臉，讓我覺得驚愕。

「好了，我必須要走了，」他匆忙地激動叫嚷。「再見！」

然而在他踏上舷梯之際，他克制住了自己，含含糊糊地向我發出了口頭邀請，要我當天晚上與船長一起去他家吃晚飯。我接受了他的邀請。我不覺得自己有拒絕的可能性。

我喜歡那些會跟你談論「至少是為了實際的目的」，這類行使自由意志的賢達之人。免費的晚餐，不是嗎？為了實際的目的！胡說！我怎麼可能拒絕與那個人吃晚飯？我不會拒絕，純粹因為我無法拒絕。好奇是一種對於改變的健康渴望，對烹飪、一般性的禮儀、過去二十天的交談與微笑的改變，在當下當地，我生存的每一種狀態都讓我無法抗拒這份邀請；再說，除了這些原因外，最重要的原因還有愚昧——沒錯，就是愚昧——為了因應愚昧這個問題的那些迫切狀況，而對於預知的致命渴望。拒絕顯得反常又荒唐。除非是真正的瘋子，否則沒有人會拒絕這份邀請。不過要不是後來我對奧邁耶瞭解的相當透澈，幾乎可以肯定我不會有任何一個句子付印成書。

我那時接受了他的邀請，但也為自己的清明付出了代價。東海岸唯一鵝群的所有人，截至那時為止，負責的鵝總數大概是十四隻。然而當初他在不利的天候條件下，引進的鵝數量遠遠超過十四隻。我可以肯定的說，敘述數量變化的過程，重要性絕對比不上現實中的鵝隻數量；但是我的雄心大志重點卻與這樣的說法不完全一致，對我來說，不論寫作的辛苦帶來多少折磨，我對奧邁耶始終抱持善意。

如果奧邁耶對這件事有任何程度的知曉，不知道他會是什麼樣的態度？可惜這個世界上不可能找得到答案了。如果我們能在極樂世界見面——在那個世界裡，除了遠處有他的一群鵝（朱比特視鳥類為聖物）陪伴外，我沒有辦法向自己描述這個人的樣子——在那片沒有激情的領域裡，無光、非暗，無聲，無默，只有蜂擁而至卻觸摸不到的數不清死者所帶來的洶湧霧氣，他在這一片平靜中對我說話。我想我知道該如何回答。

我先是謙恭有禮的聆聽，他顫動語調所提出的慎重抱怨。當然，他的抱怨無論如何都不應該打擾到此處莊嚴的平靜永恆。之後，我應該會回答類似這樣的話：

「的確，奧邁耶，在腳下的人間世界裡，我把你的名字挪做自己所用。但那就只是一個微不足道的竊盜小罪。名字中有什麼呢，噢，影子嗎？若往日你道德上的弱點依然糾纏著你不放，讓你倍感委屈（那是你世俗聲音的語調，奧邁耶），那麼，我懇求你，立即與我們崇高的伙伴──影子──對話。影子在他短暫的詩人生命中，曾對玫瑰的氣味提出評論。影子會安慰你。在你走向我時，你已剝除了因人們奇怪的微笑，以及各島每一個流浪商人不尊重的喋喋不休，所堆積起來的威信。你的名字成了風的共同財產；你的名字，可以說赤裸裸地在赤道附近水域漂浮。我在這個名字的不名譽形態外，包裹了一件熱帶地區的皇家斗蓬，並且試圖將父權的煎熬──你並未向我索求的功績──放進那空洞的聲音當中，但是請記住，所有的辛勞與痛苦都是我付出的。

「奧邁耶，在你世俗的一生中，你一直糾纏著我不放。鑑於這些理由，我就自作主張的放手去做了。既然你老是抱怨迷失在這個世界中，那麼你就應該記住，如果我不是足夠相信你的存在，讓你一直在我位於貝斯伯勒花園的房間內棲息出沒，你可能會迷失得更徹底。你斷言，如果我有能力以更完美的超然、更大程度的單純心態看待你，或許更能感知到你內在的不平凡。而這樣的不平凡，你堅持，能夠照看我們腳下遙遠之處，幾乎根本看不到的你我永眠墓地，所發出渺小如針尖般光芒的你一生經歷。這當然無庸置疑！但是，好好想一想吧，噢，一直在抱怨的影子！在這件事情上，說是我的錯，不如說是你最大的不幸。我用唯一可以相信你的方式，信賴你。難道還不值得你的讚許嗎？隨你吧。但你永遠都會是一個倒楣的人，奧邁耶。從來沒有什麼事情配得上你。對我而言，你之所以如此真實，就是因為你以某種信念的力量與令人欽佩的一致性，堅持了你的這個崇高見解。」

我把部分這類文字轉化融進了適當的隱晦表達中，準備用來安撫身在影子極樂世界居所的奧邁耶，因為自兩人多年前分別後，實際的狀況已經很明確，我們再也不會在這個世界上碰面了。

第五章

那些最不文學的作家，廣義來說，就是從未有過文學野心這種想法的那些作家。他們職涯中第一本書的出現，是件相當令人費解的事情。

以我為例，我無法回溯到任何一個可以指出來或掌握的，智力或精神原因。我最棒的天賦，就是具備了無所事事的完美能力。我甚至無法把無聊視為拿筆的理性刺激因素。不管怎麼說，筆一直都在那兒，也一直沒有什麼美妙之處。在這個郵票僅一個便士、明信片半個便士的開明年代，每個人的房間裡都有筆——我們那個年代都是冷冰冰的鋼筆。事實上，這是個靠著明信片與筆，就可以讓葛雷史東先生（Mr. Gladstone）[29]建立起一、兩本小說聲譽的時代。我也一樣有枝筆在某處滾動，但上岸的水手鮮少用筆，也不情願拿筆，而筆就這樣因為主人放棄寫字的嘗試、拖延回信的時間遠遠超出情理範圍，或者就算心不甘情不願地開始寫信，卻突然決定拖到第二天再寫，多半還會繼續拖到下個禮拜再說，等等原因，造成墨水乾涸，根本寫不出字來。那枝遭到忽視、未曾得到妥善照顧的筆，只要主人受到一點點刺激就會被拋棄，即使礙於迫切需要使用的壓力，主人也只會以一種敷衍、暴躁的焦慮，用「那該死的東西**他媽的**到底在哪裡了」的不知感恩態度，不帶任何熱情地東翻西找。到底放在哪裡了，真是的！而這枝筆或許已經在沙發後面休息約一天了。房東太太那個貧血的女兒（奧蘭多爾夫〔Ollendorff〕[30]應該會這麼描述）儘管整潔程度值得誇獎，但在執行自己家務的責任時，卻是一副高傲與馬虎的態度。這枝筆甚至可能早就巧妙地以筆尖朝下的姿態，歇靠在桌腳旁，等著有人發現撿起它時，再露出已張口且無法使用的筆尖。這樣的筆尖足以讓任何一個從事文學工作的人，本能的退避三舍。但是嚇不到我！

「沒關係。還可以用。」

29. 威廉・葛雷史東（William Ewart Gladstone）：一八〇九～一八九八，英國政治人物，一八六八～一八九四年間三次回鍋，擔任過四次英國首相與財務大臣，習慣以明信片回覆各方的信件詢問。根據作者詹姆斯・瑞奇（James Ewing Ritchie）一八九八年的傳記著作《真正的葛雷史東》（the Real Gladstone），「每個人都將寫信糾纏葛雷史東先生視為自己的責任，而他採用明信片方式的回覆，遭到各方的仔細留存……」

30. 亨德利克・奧蘭多爾夫（Heinrich Gottfried Ollendorff）：一八〇三～一八六五，德國文法學家與語言教育家。

噢，那些坦率的日子啊！當時如果有任何人告訴我，因為我懷疑有人動過我那枝擁有作者身分且神聖不可侵犯的筆，引發的大驚小怪，而使某個對我整體才華與重要性，有言過其實期待的全心奉獻家庭，陷入驚慌失措的境界，我頂多就是擠出一個根本不足為信的輕蔑微笑，絕不會紆尊降貴的做出其他反應。有些想像因為太不可能成真，所以不會有人注意；因為太過離譜，所以不可能再繼續放任地想下去；因為太過荒謬，所以連一個微笑都欠奉。或許，預言者若是朋友，我應該會偷偷地難過一下。「唉！」我會這麼想，但看著對方時，仍是一張無動於衷的臉。

「可憐的傢伙要瘋了。」

不需要懷疑，我一定會難過；這個世界，記者要看天象，至於天堂之風，儘管愛往哪裡吹，就往哪裡吹，也需遵守國家氣象局的預言式管理行事。然而人類內心的祕密，卻無法透過刺探或祈禱而得知。相較於我成為一名寫故事的作家，我最理智的朋友培育出初期瘋癲病菌的可能性絕對更高。

抱持著懷疑的心態研究自己的變化，其實是打發無聊時間的一個非常有趣嘗試。這個領域的範疇極廣、收穫的驚訝五花八門，研究的議題也充滿了無利可圖，卻讓人好奇不已的各種暗示，一如無形力量的運作，所以大家不會輕易地對這種自我研究的行為感到厭倦。我並不是要在此談論活在毫無節制自負中，那些不安於室的狂妄之徒——這些人從未真正在這個世界定居過，就算離開了這個世界，他們也會持續對最後棲居地的窘迫環境，感到厭煩與憤怒，因為在那裡，所有的人類都必須服從讓人費解的平等。我也不是在思考那些野心勃勃之人，他們總是期待著誇大的目標，卻沒有時間以超然、客觀的眼光看看自己。

這實在是件遺憾的事情。他們都是倒楣的人。這兩種人再加上更大一群完全沒有想像力的人，這些不幸的人，在他們空洞且視而不見的凝視中，（套用偉大的法國作家之言）「整個宇宙就這樣消失在空白的虛無之中」。

生命苦短，身處在這個各種牴觸意見共存的世界上，這些人或許錯過了我們人類在世的真正任務。我們本就涉及其中的宇宙倫理觀，最終總是會陷入了如此多殘酷與荒謬的矛盾中，而信仰、希望、寬容，甚至理智本身的最後痕跡，似乎隨時都將灰飛煙滅，以致於我不得不懷疑，創世的意圖其實根本不可能具有道德性。我願意盲目相信創世的目的，純粹只是為了令人嘆為觀止：一個展現出敬畏、愛、崇拜，或者仇恨等等，大家所謂的奇觀。然而從這個角度來看——單單只從這個角度來看——創世絕對不會是為了絕望！大家對於未來的看法，不論有趣或辛酸，本身都具有道德的目的。其他的就都是我們自己的事情了。歡笑、淚水、溫柔、憤慨、鐵石心腸所呈現的異常平靜，細膩心智所表露的超然好奇，全都是我們自己的事情。而反映在我們意識中，對於這個活生生宇宙每個階段，那種全然不知疲憊且忘我的關注，很可能就是我們在這個世界上所背負的指定任務——一項除了我們的良知，或許連命運都沒有參與的任務，而為了確實見證可見的驚奇、縈繞不去的恐懼、無盡的熱情、無邊的寧靜，以及崇高奇觀那至高無上的規律與永恆的奧祕，我們被賦予了聲音。

誰知道呢？也許是真的。從這個角度來看，除了本末倒置的不虔敬信念、貧瘠絕望的掩飾與偽裝外，每一個宗教、每種快樂、每次的悲傷，每一場美夢，以及每一份仁慈的希望，都有其存在的空間。

人生在世的偉大目標，是要持續忠實的對待從星芒穹蒼圍繞的深處，所召喚出來的情感，穹蒼當中無盡無邊與令人敬畏的遙遠，可能讓我們感動到大笑或哭泣（在《海象與木匠》〔*Walrus or the Carpenter*〕這首詩裡，「看到這麼多沙子就哭出來了」的話，是海象還是木匠說的？）抑或，同樣的，在一個徹底鐵石心腸的人眼裡，這些事情其實根本無關緊要。

那句源於一首優秀詩作的不經意引述之語，讓我注意到在一個全然奇觀宇宙的概念中，每一種靈感都有其理性的存在，每一個類型的藝術者，都能夠找到適得其所之處；而詩人是其中卓越的先知。即使地位沒有那麼崇高，寫作工作較為辛勞、應該也是鐵石心腸的散文作家，同樣值得擁有一個適得其所之處，將他們毫不模糊的眼睛所看到的東西，提供給大家，把他們自己的笑聲排除在聲音之外，讓願意笑的人去笑、願意哭的人去哭。沒錯！就算是虛構作品的散文創作藝術者，畢竟虛構作品的真理往往都是從水井中挖出來，並在外面披上一件想像詞句的粉墨外袍，即使這些作家的身邊全是國王、煽惑群眾的政客、教士、江湖騙子、公爵、長頸鹿、內閣閣員、費邊社成員（Fabians）[31]、砌磚工、傳道聖徒、螞蟻、科學家、非穆斯林的異教徒、軍人、水手、大象、律師、花花公子、微生物，抑或一整個宇宙的星座，這些散文創作者精彩的奇觀本身就是一種道德目的。

走筆至此，我感覺——無意冒犯——讀者可能會擺出一副微妙的表情，就像是我

31. 費邊社（Fabian Society）：一八八四年在英國倫敦成立的一個社會組織，目的在於透過漸進與民主改革者的努力，發展社會民主與民主社會主義的原則，對於英國政治有很大的影響力。目前主要以智庫的角色運作，與工黨關係密切。

無意中洩漏了祕密。以小說作者的自由來觀察讀者的心靈，我勾勒出了這樣的感嘆：「就是這樣！這傢伙說出了我的心聲。」

　　這的確不是一開始的意圖。當我扛起袋子時，我並不知道裡頭有祕密。然而，說到底，又何妨呢？藝術之家的美麗庭院擠滿了謙遜的僕從，沒有人像獲准坐在門階上的僕從那樣忠誠，已進入屋內的人往往自命不凡。這一句話，請大家讓我聲明一下，根據誹謗的定義，並無惡意，就只是對攸關大眾的一件事，提出了公正的評論。不過沒關係。**為自己發聲**（pro domo）。就這樣吧。為了他家。**你高興就好**（tant que vous voudrez）。

　　然而事實上，我絕對沒有焦急的想要證明自己存在的正當性。這樣的努力不但沒有必要，荒謬，而且完全無法想像，在一個全然奇觀的宇宙中，這類討嫌的必要性，根本不可能被提及。

　　對我而言，光是說：**我活過**（J'ai vecu）就已足夠（我會在此用相當篇幅詳細說明）。在我這個時代的驚奇與恐懼中，我一直默默無名的活著，一如最初說這句話的西埃耶斯院長[32]，曾經設法在法國大革命的暴力、罪惡與激情中存活下來。**我活過**，一如我所理解，我們大多數人都設法生存，與各種不同型態的毀滅，僅離了毫釐的距離。我保存了自己的生命，這一點很明顯，或許也保住了自己的靈魂，然而良知的美好外緣卻處處都留下了損傷，時代、種族、群體、家庭的傳承之物，似是而非又不真實，全是由文字、外貌、行為，甚至圍繞在某人童年的沉默與避讓所組成；那是一種沾染了傳承的傳統、信仰或偏見的全方位陰謀，滿是縝密的陰暗與粗野的色彩的——莫名其妙、專制，卻又具說服力，而且結構往往很浪漫。

往往很浪漫！……不過現在要處理的事情，是避免讓這些回憶變成懺悔，那種遭到尚・雅克・盧梭（Jean Jacques Rousseau）質疑的文學行為型態，他在證明自己存在合理性的作品中，放進了極致的縝密性；顯然這就是他的目的，儘管作法有些令人無法接受，但是在立場中立、沒有偏見的人眼裡，這一點的確顯而易見。

回過頭來說，大家都知道盧梭並不是個虛構作品的作者。他是位直率的道德家，從法國大革命的接班人慶祝他週年紀念時所特別強調的部分，就清楚證明了這一點。他們認為法國大革命根本不是一場政治運動，而是一次猛烈的道德感爆發。盧梭毫無

32. 西埃耶斯院長（Emmanuel Joseph Sieyès）：一七四八～一八三六，法國天主教一所修道院院長，也是法國大革命時期重要的政治理論家。

想像力，隨便翻翻《愛彌兒》（*Emile*）就可以得到證實。他不是小說作者，他最重要的優點，在於精確瞭解回溯自他那個時代的現實所給予的限制，對他的創作帶來了什麼樣的影響。靈感來自於人間，必有過去、有歷史、有未來，靈感絕非源於寒涼、永恆不變的天堂。

撰寫富有想像力散文作品的作者（尤甚於任何其他藝術者），在他們的作品中告解。作者的良心、對於事物的更深層感受，不論是否符合規定，都讓作者在全世界面前展現出自己的想法。的確，所有為了讓陌生人閱讀，而落筆於紙上的人——道德家例外，一般而言，他們除了煞費苦心創作出供他人使用的作品外，對其他的東西完全不上心——也說不出其他的東西。法國最善於雄辯又公正的安納托爾．佛朗士大師（M. Anatole France）[33]說：我們最終必須認知到「若無法閉口不言，我們只能談論自己」。

這句話，如果我沒記錯的話，是佛朗士大師與已故的費迪南德．布魯內提爾（Ferdinand Brunetiere）[34]在一次文學批評的原則和法則爭辯過程中所說的話。一如這位令我們難忘的人適時適事適份的話，「好的評論者會在傑作中，找到自己靈魂的奇遇」。安納托爾．佛朗士堅稱：評論沒有法則，也沒有原則。這個論點或許是真的。

法則、原則與標準，每天都在死亡與消逝。說不定到了這個時候，都已全死光與消失殆盡了。這樣的說法，若真的代表標誌毀滅後勇敢又自由的日子，那麼眾多靈巧的頭腦必然在忙著創造新型態的燈塔。而且想起來就令人欣慰的是，這些燈塔很快就將設立在舊標誌的舊址上。然而作者感興趣的地方，在於他們的內心確信評論永遠不會死，因為人——迥異的定義層出不窮——是一種批判性的動物，且其批判性遠勝於其他特質。只要傑出的有智之士，能夠隨時以高度敢說敢為的文學評論精神對待作品，那麼透過出色描述手法的個人經驗故事，就會以其完整的魅力與智慧吸引我們。

特別是英國人，相較於世界上的其他種族，只要保證一項任務，或任何任務，帶有冒險精神，就能收穫浪漫的價值。可惜展現規定行為的評論者，鮮少具有冒險精

33. 安納托爾・佛朗士（Anatole France）：一八四四～一九二四，法國詩人、記者、小說家，一九二一年諾貝爾文學獎得主，著有《諸神渴了》(*Les Dieux Ont Soif*)、《企鵝島》(*La Isla de Los Pingüinos*）等作品。

34. 費迪南德・布魯內提爾（Ferdinand Brunetière）：一八四九～一九〇六，法國作者與評論家。著有《法國文學史評論研究》(*Études Critiques sur l'Histoire de la Littérature Française*)、《當代文學論文集》(*Essais sur la Littérature Contemporaine*）等作品。

神。當然，他們也會冒險——人生在世，幾乎不可能不冒險。每天送到我們面前的麵包（不論大家日子過得多麼節儉），都會附上一撮鹽，不然大家就會厭倦自己所祈求的飲食。而厭倦自己所祈求的飲食的這種行為，非但不當，而且不敬。就是因為要避免這種狀況，以及其他人或其他狀況的不敬態度——我們才得救。理想的保守態度，不論堅持的原因是出於禮節、害羞、謹慎，甚至僅是因為疲憊，我想，都會促使一些評論作者隱藏他們天性中冒險的因子，然後評論就變成了一份「通知」而已。在一定程度上，一段旅程的敘述，除了紀錄距離與這個新國家的地質外，什麼都不能寫下來；旅行者所見識到的陌生走獸、洪水與田野的危險、千鈞一髮的脫險，還有過程中遭受的折磨——啊，還有折磨！旅程中的折磨這個部分，我絕對沒有異議——都小心翼翼地被避開了；也不會有人提到灰色地帶或果實纍纍的植物；於是作品的整個表現，就只像是沙漠圍欄中，一場經過訓練的跑步展演，呈現跑步時的敏捷。一場令人痛苦的奇觀——最可悲的一次冒險！

「人生」，有位不朽思想家[35]，我想他應該是出身田園，可惜他那容易消亡的名字，已不再受到後世崇拜，套用他所說的話——「人生並非只有吃喝玩樂」。寫小說也一樣，真的不是只有吃喝玩樂。我向你保證**事實絕非如此**。**不全是如此**。我之所以會有如此的同理心，是因為，我還記得幾年前一位將軍的女兒……

這個世俗世界突然被揭露的真相，必然曾經不時地落腳在那些待在自己小房間內的隱士、中古世紀與世隔絕的僧侶，或者孤獨的聖人、科學家、改革者的面前；這個世界被揭發的膚淺判斷，驚嚇到了那些正專心並辛苦的走在追求神聖功績、知識偉業、自我克制，或諸如開玩笑或吹笛子這類藝術成就道路上的耕耘者。將軍的女兒就在這樣的情況下出現——或者我該說將軍的其中一位女兒就在這樣的情況下出現。

將軍一共有三個未婚女兒，恰好都是二十多歲的花樣年華。她們在附近有棟農舍，三人的工作具聯合性，且或多或少都帶了點軍事性質。大女兒力抗村裡孩童敗壞的行為舉止，並為了禮節的勝利，也向村裡的母親們發動正面攻擊。聽起來似乎是徒勞的努力，卻是真正的為信念而戰。二女兒在全國各地進行小規模的戰鬥與偵察，也是這個女兒把偵察工作直接推展到了我的書桌前。我的意思是，這個女兒才是穿著制

35. 這句話出於湯瑪斯・休斯（Thomas Hughes），一八二二～一八九六，英國的律師、法官、政治人物與作家，曾任王室法律顧問。著有《湯姆・布朗上學的日子》（*Tom Brown's School Days*）等小說作品。

服的那位。

她是來拜訪我妻子的，全身散發著午後親切的柔和感覺，只不過一貫的軍事果斷氣質依舊。她揮著手杖，邁著行軍式的步伐，走進了我的房間……不行不行——我絕對不能誇大。那不是我的專長。我不是一個幽默作者。那麼，在完全清明的狀態下，我能確定的就只是她有一根揮動的棍子。

我的住處既無護城河，也沒有圍牆。窗子開著，門也一樣開著，面對著我工作上的最好朋友，也就是溫暖與照耀著寬闊田地的安靜陽光。圍繞著我的這些田地，帶給我無限的幫助。然而說實話，我已經連著好幾個星期不知道太陽是否照在田地上了，也不曉得天上的星星是否依然在它們指定的軌道上運行。我才剛剛放棄要在已分配好的幾天內，完成小說《諾斯特羅莫》（*Nostromo*）最後幾個章節的計畫。這本小說是個虛構（但真實）的濱海之地故事，現在還是會有人不時提及，而且大家確實有時候會很友善的將這個作品與「失敗」兩個字連在一起，有時候又和「精彩」這個詞彙結合。我對於這樣的歧見沒有意見。

這是永遠也不可能解決的分歧。我唯一知道的就是自己二十個月以來，忽略了許多世界上最普通百姓在生活中的平常喜悅，我像老先知那樣「向上帝不斷祈禱與乞求」，為了自己的創作、為了海岸邊的岬地、為了寧靜海灣的黑暗、為了雪上的光與天上的雲，也為了必須吹入各類男男女女身體裡的生命之氣，不論他們是拉丁民族、薩克遜民族，猶太人或非猶太人。這些文字或許很強烈，但是其他的文字又難以描繪出，努力創作期間的親密與壓力特性，在創作的過程中，所有心靈、意志與良知全部投入，一個小時又一個小時、一天又一天，遠離了世界，也排除了所有能夠讓生活真的可愛又平和的事物。這樣的煎熬，只有在冬天繞過合恩角的西航道，始終處於沒有盡頭的嚴肅壓力景況可以類比。因為在那樣的環境中，人類同樣也是在與世界隔絕、沒有舒適、沒有生活慰藉的地方，與創造者較力、較勁，在一種壓倒性的渺小感覺下，孤獨掙扎，而之所以感覺渺小，是因為除了確認經度的正確性外，所有的掙扎都沒有相對應的獎勵。而特定的經度，一旦確定，就是無可爭議的事實。太陽、星星以及你眼中地球的形狀，成了收穫的見證人；至於寥寥數頁的寫作，不論你付出多少代價，想要把這些寫出來的東西，變成自己的所有物，最多也就只能獲得一個模糊而不確定的戰利品。

戰利品來了。「失敗」、「精彩」，隨你挑，或者兩者皆是，抑或以上皆非，不過是夜間幾張紙沙沙作響與頁面翻動聲音的歇止，以及像一個雪花堆成的大雪堆，注定要在陽光之下融化那般難以辨識罷了。

「你好嗎？」

這是來自將軍女兒的問候。我什麼都沒有聽到——沒聽到動靜，也沒聽到腳步聲。我只有片刻之前的不祥預感，一種厄運臨頭的感覺——我接收到的警告就只有這些，沒有其他的了。然後就傳來了人聲，以及像是罐子從非常高的地方摔落的聲音，猶如七月午後在微微的西風裡，從最高的雲端輕輕地飄過原野的跌落。當然，我立刻振作起來，換個說法，我立刻從椅子上跳了起來，錯愕又茫然，每根神經都因為被人從這個世界拔起後，丟入另一個世界而疼痛地顫抖，這一切都以非常文明的方式進行。

「噢！妳好嗎？妳不坐嗎？」

這些就是我說的話，挺糟糕的。不過我可以向大家保證，完全真實的回憶所說出來的東西，遠比尚．雅克．盧梭一整套《懺悔錄》（*Confessions*）說的更多。我並沒有對來客咆哮，也沒有拿家具出氣，更沒有衝過去趴在門上踹門，我對這個令人震驚的嚴重災難，沒有顯露任何暗示出心中想法的表現。科斯塔瓦那（Costaguana）的整個世界——大家可能還記得，這個國家是我的濱海之城故事背景所在地——男人、女人、岬地、房舍、山岳、城鎮、田地（土地上的任何一塊磚、一個石頭、一粒沙，都是我親手置放）；所有的歷史、地理、政治、財政；查爾斯・高爾德（Charles Gould）的銀礦，以及卓越不凡的碼頭裝卸工頭（Capataz de Cargadores）諾斯特羅莫的顯赫，大家都會在夜間呼喊他的名字（莫尼根醫生〔Dr. Monygham〕曾模模糊糊地聽到過——那是琳達・維奧拉〔Linda Viola〕的聲音）。而這樣的呼喊聲，即使在他死後，依然主宰著那座包藏了他所攻克的寶藏與愛情的黑暗海灣——所有的這一切，全都在我耳邊坍塌瓦解。

我覺得自己永遠也無法再把這些坍塌的碎片撿起來了，但是在那個節骨眼，我說的卻是「妳不坐嗎？」。

海洋是帖虎狼之藥。就算只是一艘商船的後甲板訓練，看看藥效有多強啊！這個故事應該會讓大家從一個新的視野，看待英國與蘇格蘭水手——遭到許多諷刺的一群人，在我的性格塑造過程中，這群人擁有最後的決定權。其中一個道理是，一個人若不謙虛，就一無所有。但是在這場災難中，我想我確實執行了他們這條簡單的道理。

「妳不坐嗎？」

非常好，真的非常好。她坐下了。她的視線饒有興趣地在房間各處掃過。

桌上、桌下都有幾頁手稿，椅子上疊著已經打好字的稿子，有幾頁飄到了遠處的牆角；另外還有一些寫了一半的稿紙、上頭畫了線或捲起來的稿件，以及一天結束時打算燒掉的寫廢了的內容，全都是一場很長、很長的絕望磨損的殘酷戰場垃圾。我猜自己有時候也會上床睡覺，起床的次數與上床睡覺的次數相同。沒錯，我想我應該會睡覺，會吃下擺在面前的食物，也會在適當的時機與家人談話溝通。但是我始終都沒有意識到日常生活的流逝，因為一種沉默、警醒與不知疲憊的喜愛，讓我覺得輕鬆與寂靜。真的，我感覺好像已經在那張桌子上連續坐了好幾個日夜，周遭全是令人絕望的損耗垃圾。我的感覺真的就是這樣，這一次的打擾，讓我意識到了強烈的疲倦感——心靈狀態出現可怕的崩解，我突然意識到一項浩大工程的徒勞無功，以及一種日常的繁重體力工作，完全無法理解的極度身體疲憊。我曾經在船上背負許多袋的麥子，在甲板樑下，幾乎折腰一百八十度地從早上六點工作到晚上六點（中間有一個半小時的吃飯時間），所以我應該很清楚那種疲憊。

我熱愛文字。我嫉妒文字所得到的尊崇，也關心文字提供的服務是否兼顧了尊嚴與合宜性。我很可能是唯一一個在工作期間，被那位整潔的女士逮個正著的作者。而令我煩亂的是，我竟然記不起來上次好好著裝是什麼時候，也不記得該如何好好著裝。不過基本上應該都沒問題，這一點無庸置疑。這棟屋子的財富，包括了一雙隨時在注意一切基本需求得到確保的灰藍色眼睛。但是不知道為什麼，我覺得自己像個科斯塔瓦那的不受歡迎人物，在街上廝鬥一天後，一身的衣物都皺巴巴的，從頭頂到腳跟全亂糟糟。我擔心自己只會愚蠢的眨著眼睛。這一切對於文字的榮譽與文字服務的尊嚴，都只有壞處。我在自己崩塌的宇宙塵土中，隱隱約約看到那位高雅的女士，以平靜略帶趣味的態度，打量著我的房間。她臉上掛著微笑。她到底在笑什麼？

對方隨性地開了口：「恐怕打擾到你了吧。」

「沒有的事。」

對方完全相信了我的否認。但是她說的絕對是事實。打擾——當然有啊！她至少在我這兒剝奪了二十條人命，每一條都比她動人、真實，因為他們全都充滿了激情，全都擁有堅定的信念，而且在我迫切地想要勾勒出一個結局時，他們全參與了我最重要的創作大業。

她沉默了好一會兒，最後看了一眼各處留下的寫作大戰垃圾：「你就是在這樣的環境中寫你的——你的……」

「我——什麼？噢，對啊！我整天都待在這兒。」

「一定非常愉快。」

我想應該是這樣吧，我已經不再年輕，說不定就快要中風了。她把她的狗留在陽台上。我兒子那條正在前面田地上巡邏視察的狗，在遠處突然看到了她的狗。小傢伙像顆砲彈般直直地飛奔過來，然後一陣戰鬥狂吠突然傳進我們耳中。客人和我匆忙衝出去，把兩隻英勇的狗兒拉開。之後我告訴這位女士，我妻子在哪兒——其實就在街上的轉角處。她點了點頭後，帶著她的狗離開，留下我驚恐面對她輕而易舉造成的死亡與毀滅，我耳邊依然不停縈繞著她那深具啟發性的兩個字——「愉快」。

不管怎麼樣，我後來還是善盡責任，陪她走到了田裡的大門邊。我當然想要展現文明的一面——區區一本小說裡的二十條人命，怎能成為無禮對待一位淑女的理由？不過我主要還是採納了奧蘭多爾夫良好且合理的行事風格，因為我不希望將軍女兒的狗，和我那仍裹在襁褓中兒子（我的小寶貝）的忠心愛犬，再次陷入鬥毆（安可節目）。——我擔心將軍女兒的狗會攻克（擊敗／vaincre）我兒子的狗嗎？——不擔心……但那違背奧蘭多爾夫的作法。我在處理與這位女士有關的任何事情上，不論多麼切合時宜，或看起來多麼無可避免，但若要以相同的標準，要求我家的狗兒效法，鑑於狗兒的起源、個性與過去，就非常不適當了。

我家的那隻狗是別人送給我兒子的禮物，送狗的人與奧蘭多爾夫擁有完全南轅北轍的價值觀，那傢伙衝動起來的孩子氣，簡直就是天賦異稟，而且是個最率直的語言印象派。他總是能以最棒的誠意，與一種他自己或許都沒有完全意識到的強大信念，發揮他那率直的感覺，以及正確表達力的偉大天賦。我覺得他渾然天成的靈感展現，並沒有得到應有的讚賞。我說的這個人是已故的史蒂芬・克萊恩（Stephen Crane）[36]，他是想像力豐富的作品《紅色英勇勳章》（*The Red Badge of Courage*）的作者。這本書在上個世紀的最後十年間，曾有過曇花一現的轟動。後來他還寫了其他的書，但數量不多。他沒有足夠的時間。克萊恩是個全然的天才人物，獲得了世界普遍的認可，可惜這樣的認可有些吝嗇且高傲。大家對他英年早逝的遺憾，有所遲疑。一如他在他的《海上扁舟》（*Open Boat*）中所描寫的一個角色，儘管感覺自己異常辛苦與痛苦的

36. 史蒂芬・克萊恩（Stephen Crane）：一八七一～一九〇〇，美國詩人、小說家與短篇故事作家，著有《紅色英勇勳章》（*The Red Badge of Courage*）、《怪物》（*The Monster*）等作品。

搖槳，但命運卻鮮少讓他安全著陸。我承認我非常喜愛那個精力十足、瘦小、脆弱，卻活得熾烈且短暫的人物。在我們相識之前，他甚至僅憑著我的一兩頁寫作，就很喜歡我。而在我們相識之後，我很開心的認為，他依然喜歡我。他總是以絕對的認真，甚至帶些嚴肅的態度對我說：「一個男孩子**應該**要有隻狗。」

我想他對我輕忽自己身為父親的義務，感到非常震驚。最後他送了一隻狗到我家。之後沒多久，他有天在毯子上，完全投入地陪我兒子玩了大約一個小時，突然抬起頭來堅定的宣布，「我應該教你兒子騎馬。」

這句話並沒有成真。老天沒有給他時間。

但狗兒留了下來，現在牠已經是隻老狗了。牠的四個爪子長在又寬又短的O型腿上，黑色的腦袋，配上一個屁股上長了塊滑稽黑斑的白色身體。老傢伙在外面走動時，總是會勾起一些並不全然是不善的微笑。牠的整體長相古怪卻迷人，平時態度都很溫和，但在牠的同類面前，卻會展現出令人意外的好鬥性情。當牠躺在爐火的光亮中，高高抬著頭時，牠恍惚的眼神，總是會盯著屋裡的暗處不動，讓牠在一種毫無污點生活中的平靜意識裡，展現出驚人的貴族姿態。牠帶大了一個小寶寶，現在，看到那孩子雄赳赳氣昂昂地開始上學後，又以相同盡心盡力的付出心態，培育另一個孩子。只不過這次的舉止更有一種刻意的嚴肅感，這應該是更睿智與經驗更豐富的展現，當然恐怕也不能排除風濕的可能性。從早晨的沐浴到晚上在嬰兒床上就寢，你悉心照顧你所收養的那個小小的兩腿生物，你在盡責的工作時，受到了家中每個人最大的尊重與無盡的關心——就和我在家裡受到的待遇一樣；只不過你值得更好的待遇。

將軍的女兒應該會對你說，一定「非常愉快」。

啊哈！老狗啊！她從來沒有聽過你因為急性疼痛而尖叫——疼痛來自於可憐的左耳——的時候，憑藉著令人難以置信的自制力，你維持一動也不動的姿勢，就是怕這個兩隻腳的小東西會摔下來。那位將軍的女兒也從來沒有看過，你在那個兩條腳的小生物嚴厲質問你，「你對那隻乖乖狗做了什麼」時，露出認命微笑，睜著一雙無辜的大眼，回答：「沒什麼啊。只是在愛他而已，當個親愛的媽媽！」

將軍的女兒不知道那些自行決定承擔的工作當中，存在著祕密的條件，乖狗，在嚴苛的自我掌控獎賞中，可能潛藏著痛苦。不過我們已經一起生活多年了，我們都老了，儘管我們的工作還沒有全部完成，但我們還是可以不時地放任自己在爐火前，小小地自省一下——深思一下養寶寶的藝術、撰寫著許多人物來來去去的故事時，那種全然的滿足。而這一切所需要付出的代價，就只是在沒有人察覺時偷溜。

第六章

除了童年與青年期的初始階段外，我後來經歷過兩次明顯不同的發展，甚至連續體驗過兩種猶如土與水般，完全不同的獨特元素場景，回顧這樣的一個生命歷程時，帶著一定程度的天真，實在無可避免。我在寫下這些內容時，清楚意識到這一點，這麼說，並不是要道歉。隨著時光流逝，寫作的頁數穩定增加，只能為朋友寫作的感覺也日益強烈。既然如此，何需去聲明（像個朋友那樣）根本沒有道歉的必要呢，又或者何需把對自己審慎態度的疑慮，放進讀者的腦子裡呢？我只需要去在乎因為朋友而這兒一個字、那兒一行字的內容，可以讓我寫出一頁感情恰好完全到位的成品、感受到某種快樂的簡單，或甚至捕捉到某些幸運的敏銳性，這些全都來自於廣大的其他人類同胞，猶如一條魚來自大海深處一樣。眾所周知，捕魚——我指的是深海捕魚——是件攸關運氣的事情。至於敵人，他們會自己解決。

譬如有一位先生，以隱喻的手法來說，總是使出渾身解數批評我。場面當然不好看，但是卻非常符合當時的情況，其實適合好幾種不同的情況。我不太確定他這種間歇性的行為持續了多長時間，他的季節都是跟著出版業的慣例而定。前段時間，有人向我指出他的身分（當然是以付印的型態），而我對這位穩健的人物，立刻經歷了一種不情願的喜愛。

他把我的本體從頭踐踏到底，沒有放過絲毫：一個作者的本體就是他的作品，至於其餘的部分，不過是在沒有批評的世界中，遭人珍惜或痛恨的虛影。對方沒有放過我絲毫！然而他在批評中的觀點，卻不是喜愛或乖僻的怪異表現。他的批評，我大膽的認為，具有一種比情緒性無法無天的任性，更深刻、更值得敬重的本源。他的批評的確合乎規定，因為他的批評是為了——不情願地——讓大家去思考，讓大家去做出好幾種不同的考慮。舉例來說，穩健性往往是良好道德平衡的跡象。這就是一種思考方向。

確實，遭人重踩並不是件愉快的事情，然而正是這個行為的周延性，代表了批評者不僅仔細閱讀了作品，而且對於作品真正的內涵，不論是水準、缺陷或其他的一切，都不僅僅只是停留於表面。相較於某人的作品可能根本未被閱讀就被批評，實在是值得慶幸的事情。

讓靈魂經歷批評的冒險，可能是作者最愚蠢的冒險行為。這種行為當然不會造成實質的傷害，但過程卻非常不愉快；其不愉快的程度，猶如在三等艙的一眾體面人當中，發現了一個玩三張牌遊戲的騙子一樣。整場交易期間公開的厚顏無恥，陰險的利用人類愚蠢與輕易受騙的特質，明目張膽又無恥的嘰呱亂語，公開宣佈是詐欺行為，卻又同時堅持遊戲的公平性，實在令人厭惡的作嘔。這種普通人按照規則玩一場公平遊戲，所經歷的實實在在暴力——儘管對方的目的就是偷你的錢——或許看起來令人震驚，卻存在於體面的裡子當中。這樣的行徑儘管有傷害性，卻不具冒犯性質。這種事情雖然發生在我們惡劣的體制中，但大家卻可能依然敬重誠實這個特質。不過這樣的敵人明顯不會因為你的解釋，而滯足不前，也不會因為你的道歉而休兵和解。若我為讀者在作品中發現的幼稚辯解，提出了年輕人的陳述，對方很可能會用半頁的專欄，激烈的回應「蠢話」！一個作家不會比他出版的第一本書更老，因此無法承受讓虛榮腐朽的外表，在這樣短暫的生命中陪伴著我們，現在站在這裡的我，額頭上的花冠，只經歷過短短的十五個夏天。

說了這麼多，接著要說的就是在這樣的稚嫩年紀，有點幼稚的感情與表達方式，實在是完全說得過去的事。我也承認，整體而言，自己過去的生活狀態並不適合文學生活。或許我不該用文學這個形容詞。這個詞彙預先假定了對文字一種熟悉的親密關係、一種心神狀態的轉變，以及一種我不敢宣稱自己已經做到了的方式。

我純粹就是熱愛文字。然而對於文字的熱愛，成就不了一個文學之士，就像熱愛大海成就不了水手一樣。也很可能我熱愛文字的程度，其實就像一個文學之士喜歡他從岸邊看到的大海一樣，那是一個改變世界面容的巨大努力與偉大成就的場景，也是通往各個未被開發國度的開闊大路。不對，或許我該說海上的生活，我不僅僅指海上生活的體驗，而是在很長的一段時間內，真正可以稱做實實在在服務工作的東西。整體而言，並不是一個適合寫作生活的環境。可能，但願不會發生這樣的事情，有人以為我大概是在否定後甲板區的我的船長。我沒有能力做出這樣的叛節行為。我已在三、四個故事中坦認了自己對於他們變化的敬畏態度，如果世界上有人比任何人都需要真實面對自己，才能如願的獲得拯救，這個人必然是虛構小說的作者。

簡單而言，我要說的是，後甲板訓練並不能有效的訓練一個人去接受文學批評。重點就只有這一個，沒有其他了。但是這個缺陷毫無重要性。如果安納托爾・佛朗士對於一個優秀評論者的定義，獲准扭曲、倒置、改動（與破壞），那麼我們可以說，一個優秀的作者，就是放任自己的靈魂在批評中冒險，卻不帶明顯喜悅或過份哀傷的情緒，去深思這趟冒險旅程意義。我絕對無意誤導細心聆聽的大眾，讓他們以為大海上沒有批評。那是不誠實的事情，甚至是不禮貌的行為。在海上，什麼事情都碰得到，每個人心靈追求的目標不同，衝突、平和、浪漫、最明顯的自由主義、理想、乏味、厭惡、靈感，還有所有可以想像得到的機會，包括讓自己出醜的機會，一如文學的追求。但是後甲板的批評與文學評論有些不同。只有一點相通，那就是在你來我往之前，根據通則，是掀不起波瀾的。

沒錯，在海上也找得到批評，甚至感謝——我可以告訴你，在海水之上，什麼事情都碰得到——批評一般都是隨興而起，並且往往都是**生動的口語表達**。這一點在表現上明顯與文學世界的操作手法迥異，而且這種批評所帶來的新鮮感與活力，也可能是印刷世界所欠缺的東西。至於最後出現的感謝，那是在批評者與被批評者要分開的時候，出現的另一種景況。

海洋對於一個人謙遜才華的欣賞，具有寫作世界的永恆性，鮮少出現變化的魅力，而且表達方式相當一致。文學大師在這方面掌握優勢，不過他實際上依然可以說——其實他常常用這句話這麼說——「我強力推薦」。不過他用的主詞是「我們」，第一人稱複數擁有一種神祕的優勢，因此特別適合用作批評與皇室聲明。

我有一小把由不同的船長簽名的感謝狀，在我寫字桌左邊抽屜裡緩緩變黃，再經過我恭敬觸摸所發出的摩擦聲，像是從知識樹摘下做為紀念的一小把乾樹葉。真奇怪！我就像是為了這幾張由蘇格蘭與英格蘭船長具名的文件，面對過令人驚愕的憤慨、嘲弄，以及一個十五歲男孩難以承受的責備；我曾被指控欠缺愛國情操、不理智，也被斥指沒有心；我曾陷入自我衝突的痛苦、偷偷流過不少的眼淚、破壞了富爾卡山隘的美景，也曾被人稱為「無可救藥的唐吉軻德」，影射我和書中騎士一樣瘋狂。就是為了那幾張戰利品！

那幾張紙沙沙作響，總共有幾十張。然而就在那微弱有如幽靈般的沙沙作響聲中，棲息著過去二十年的回憶，現在再也聽不到那些糙漢子的聲音了。而那些無窮無盡之風的強大呼嘯聲、神祕咒語的傳聞、偉大海洋的低語，必然設法來到了我在內陸的床邊，進入我無意識的耳朵裡，就像伊斯蘭教的規定一樣，穆斯林父親在新生子女的耳邊低語，幾乎在孩子第一次呼吸時，就讓他們成為了虔誠的信徒。我不知道自己是否是名優秀的水手，但我知道我是個忠誠的水手。再說，畢竟有一小撮各個船隻的「大人物」，證明我這些年不盡然都是一場夢。這些待在抽屜裡的感謝狀，儘管簡短、語調平板，卻一如文學中可以找到受靈感啟發，而完成的所有成品一樣，全都具有啟示的點滴。

不過話說回來，也曾有人說我浪漫。這一點幫不上什麼忙。等等，我似乎記得也有人說我務實。既然連這樣的指控都有人提出來，那麼我們就試著與這些言論和平共處，當作是一種改變吧，不論要付出什麼樣的代價。既然如此，我就在這沒有人可以看到我臉紅的夜半燈光下，以有點不好意思的態度，向各位讀者透露，這些具點滴啟發意義的後甲板感謝狀，每一份的內容中都包含了「絕對清醒」這樣的評語。

我好像聽到有讀者客氣地喃喃說，「應該很令人開心吧？」

嗯，的確，很開心——謝謝。經過了認證的清醒，就像經過了認證的浪漫一樣，至少令人覺得喜悅。不過這樣的認證，既不能讓人具備資格，去擔任某個戒酒協會的祕書職務，也無法讓人接任某個崇高民主機構——譬如倫敦郡議會——的官方吟遊詩人。

我之所以寫下前述這段乏味的省思，只是要證明我對於世俗事件的判斷，大體上都很清醒。而我會如此明確提出這一點，是因為兩、三年前，我的某篇短篇故事被翻譯成法文出版時，有位巴黎評論者——我幾乎可以肯定他就是評論《吉爾・布拉斯》（*Gil Blas*）的葛斯塔夫・卡恩大師（M. Gustave Kahn）[37]——給了我一張短箴，用**一個強大的夢想家**（un puissant reveur）這句話，總結了他認為我這位作者所具備的特質。

就這樣吧！誰會挑剔一位友善讀者的話呢？不過或許我也不是個毫無原則的夢想者，我敢大膽的說，不論在海上還是陸地上，從未失去責任感。天底下不只一種醉生夢死。即使面對最誘人的夢想，我也依然記掛著要在內心世界維持清明，那是情感上的禁欲，只有在這樣清明的狀態中，毫無遮掩的真實型態，諸如我們想法裡的真實、我們感覺上的真實，才能毫無羞愧地被表達出來。這不過是透過酒精之力，流露出來的一個傷感又不體面的事實。

我一輩子都努力要做個清醒的工作者，在兩個不同生活中都是如此。無庸置疑，我的這種行徑來自於感受，我對失去完全自制的感覺，有一種本能上的恐懼，但是這樣的行為也來自於藝術上的堅定信念。不過真實道路的兩旁，存在著許多陷阱，走了一段路後，會有遭受打擊與疲憊的感覺，就像中年旅者從每日行進間，感受到的艱困一樣；我總是自問，是否能夠一直持續地忠於這份帶著力量、真理與和平的清醒。

37. 葛斯塔夫・卡恩（M. Gustave Kahn）：一八五九～一九三六，法國象徵主義派詩人與藝術評論者，曾透過出版品與論文，積極定義象徵主義與頹廢主義運動（Décadentisme）的差異。

至於在海上維持清醒這回事，已經經過了好幾位當時頗具聲望，且值得信賴的船長，完全的認證。我好像聽到了各位讀者文雅的低語，說著「這應該是理所當然的事情吧」。

其實不然。事情不見得是這樣。貿易委員會（the Board of Trade）的海事處（Marine Department）是個威嚴的學術機構，從來不會在授予知識職銜上理所當然的行事。根據第一商船法（Merchant Shipping Act）所頒布的規定，清醒這個詞彙必須白紙黑字寫清楚，否則就算是整整一袋、一噸、一整個山頭的最熱情感謝狀，都對當事人毫無用處，因為緊閉的考場大門，只會對你的哭訴與哀求，無動於衷。在我那個年代，我曾經多次與倫敦港的所有考官面對面，我的自制力與堅持的意志，絕對不容質疑。

那些考官中，有三位是輪船的考官。我在海上服務期間，每隔一段時間的測驗，竟然撞到這三位手上，實在是命中注定的事。第一位考官身材高瘦，完美的白髮白翳，舉止沉靜而友善，親切明智的氣質。如果必須強迫我說出結論，那麼我想自己應該是外表有某些部分不討這位考官的喜歡。他那雙蒼老消瘦的手，在交叉的雙腿上鬆鬆地互握，一開始以溫柔的聲音問了一個基本的問題，之後就一直問、一直問……整場測驗就這樣延續了幾個小時，又幾個小時。就算我是對海上貿易具致命危害可能性的怪異微生物，需要經過顯微鏡檢驗，仔細度也不可能超過那次的測驗。

這位考官明顯流露的和善讓我大感安心，一開始還相當機警地回答他的問題。然而經過很長一段時間後，我的腦子愈來愈昏亂，但是毫無波動起伏的測驗，依然在繼續，感覺上，光是暖場的預考階段，就已經過了不知道多少個年代，然後我開始感覺害怕。

我不是害怕自己考不過，這樣的想法甚至根本沒有出現在我的腦子裡，令我感到害怕的，是更嚴重、更詭異的事情。「這位老人，」我恐懼的對自己說，「因為距離他的墳墓太近了，以致於完全失去了時間的概念。對他而言，這場測驗就是永恆。他當然無所謂，他已經跑完了他的比賽，但是當我離開考場時，很可能會發現自己置身的世界，全都是很不友善的陌生人，我的房東太太可能也不會記得我了，甚至在經歷這場沒有盡頭的測驗後，我都不知道能不能找到路，回到自己那個租來的家。」

這段說法或許並不像大家以為的，只是言辭上的誇張。我在思考問題的答案時，腦子裡確實有一些非常奇怪的想法在穿梭，這些想法與輪船毫無關連，與這個世界上任何已知的理智也搭不上邊。我真的相信自己不時地會以一種無精打彩的方式，感覺到頭昏眼花。

最後，考場陷入一片似乎同樣持續了好幾個世代的沉默，接著考官俯身在他的桌子上，用一枝無聲的筆慢慢地開出了我的通行條。他不發一語地把那張紙條遞給我。在我離開時，鄭重地低下了他的白頭，並躬身致意。

離開考場時，我覺得四肢無力，像個被擠扁了的檸檬。到門房那兒領回帽子，並給了他一先令的小費。

門房待在他那個玻璃籠裡對我說，「哇！我以為你永遠都出不來了。」

「我在裡面待了多久？」我虛弱地問。

他掏出了錶。

「他讓你在裡面待了，先生，還差一點就三個小時。我想之前從來沒有人碰過這樣的事情。」

我一直到離開了那棟建築物，才開始感到異常的開心。人類這種動物厭惡改變，面對未知時也膽小怯懦。我告訴自己，我真的不介意在未來的某個場合，再碰到相同的考官。

嚴峻的考驗再次降臨，門房引導我進入另外一間考場，房間裡有大家現在都已熟悉的全套船舶與索具模型裝備，牆上掛著一塊標示各種信號的版子。一張很大很長的桌子上，擺滿了官方表格，桌邊還安裝著一支卸除了索具的桅杆。我沒有見過房間裡坐著的那位孤獨客，但聽過他的大名，狀況實在不妙。根據我的判斷，這位短小精幹的考官，穿著一套老舊的棕色大禮服，坐在椅子上。他靠在手肘上，手遮著雙眼，側身半背對著桌子的另一邊——我準備要落座的椅子。這位考官一動也不動，透露出神祕、疏遠、難以捉摸，還有某種悲傷的氛圍，就像米開朗基羅製作的朱利亞諾（應該是這個名字吧）·德·梅迪奇（Giugliano de Medici）的雕像，在墓地上遮著自己的臉。當然，這位考官與俊美之間有很大很大的距離。他開始試著讓我說些廢話，幸好有人警告過我，他的這種惡質特色，於是我自信滿滿地反駁他的說法。過了好一會兒，他才結束了這樣的操作。截至這個時候為止，一切都還算順利。

但是他一動也不動的姿態、靠在桌上的厚實手肘、生硬又不悅的聲音，以及陰暗、轉向他處的臉，留給我的印象愈來愈深刻。他維持了好一陣子令人摸不清頭腦的沉默，然後給我指定了一艘特定規模的船——海船——還指定了特定天候、季節、地區等等，所有項目都明確、精準，他命令我在這些條件下，演示特定的技術性動作。

演示動作連一半都還沒完成時，他就對船做出了一些實質性的破壞，我直接解決這些問題後，他再次造成另一個麻煩；等麻煩解決後，他又把另一艘船卡在我前面，製造出非常危險的情況。這種讓人不停地解決一環又一環麻煩的特殊安排，讓我有點生氣。

「我不會陷入這種混亂的狀況，」我溫和地暗示。「我早就會看到那艘船。」

他不動如山。

「你看不到，天候讓能見度極低。」

「噢！我不知道還有這個條件。」我面無表情地道歉。

我想自己最終應該成功的避免了那次逼真的可能撞擊，因為恐怖的測試又再繼續進行。大家必須要瞭解，這位考官為我安排的測試計畫，我猜想，是一趟返航航道，而這條航道是我希望連自己最大的仇敵都不會選擇的。那艘想像中的船，似乎在一道無所不包的詛咒下苦苦掙扎。誇大這些沒有盡頭的厄運，毫無用處，只能說遠在測試結束之前，我就深深覺得即使有機會改登「飛行荷蘭人號」（Flying Dutchman）[38]這艘幽靈船，我都會滿心感激。

最後，他把我丟去了北海（我猜是北海吧），給了我一個外圍是沙洲的背風岸——想必是荷蘭海岸吧。距離：八哩。這種明顯堅定不撓的敵意，讓我足足三十秒說不出話。

「嗯。」他出聲。在此之前，我們之間的你來我往相當迅猛。

「我得想一想，先生。」

「看起來沒有太多思考時間。」他從遮著嘴的手之下譏諷地這麼嘟囔著。

「的確沒有，先生，」我帶了些溫度回答。「在船上確實沒有這個時間，我知道。但是已經發生過這麼多的意外，我實在記不清楚自己還有什麼可以利用的東西了。」

我依然面對著對方半側的身子，看不到他的眼睛，然後他突然嘟囔地說了一句話。

「你表現得很好。」

「我的船配備了前後雙錨嗎，先生？」我這麼問。

「是的。」

於是我做好準備，要為這艘船最後拼搏一把。我讓兩支錨以最有效的方式下海，

38. 飛行荷蘭人號（Flying Dutchman）：傳說中的一艘幽靈船，受到詛咒永遠無法靠岸，只能在海上漂泊。根據傳說，這艘船總是在濃霧或暴風雨的海面上出現，以驚人的速度朝著航行中的船舶疾駛而去，船身閃爍著鬼魅般的光芒，看到這艘幽靈船的水手不但會感到極度的悲痛與絕望，生命也走到了盡頭。

這時考官煉獄般的測驗想像系統再度啟動。

「可是船上只有一條纜繩。你們弄掉了另一條纜繩。」

真是夠了。

「那麼我做得到，我會把錨再拉回來，將船上最重的鋼纜與鏈條尾端接在一起，再下錨，如果鋼纜拉不住錨，這是很可能發生的事情，我不會再做任何努力了。船錨該失去就是失去了。」

「什麼都做不了了，是嗎？」

「是，先生。我無能為力了。」

「你永遠都可以祈禱。」

他起身，伸了伸懶腰，打了個小小的哈欠。那是一張蠟黃、堅毅、不友善的臉。他又以粗魯又感覺無聊的方式，問了我關於燈光與信號的一般性問題，之後我滿心感激地逃出了考場。

過關了！

整整四十分鐘！我再次興奮不已的沿著塔丘走，許多人在這兒掉了腦袋，我猜，那是因為他們的機智不足以自救。在我內心深處，再過一年左右的第三次，也是最後一次的考驗來臨時，我並不排斥與那位考官再次碰面。我甚至希望自己的第三位考官是他。我已經知道他最難纏的地方了，而四十分鐘也並不離譜。的確，我明確的這麼希望……

期望完全沒有成真。在我現身接受考官的測試時，接待我的人是一位個子不高的豐滿型考官。他有張柔和的圓臉，蓬鬆、灰白的鬍鬚，以及自然而健談的雙唇。

他的測驗從一句隨和的，「我們來看看，嗯，你說說你對船舶租賃合約，所知道的一切吧！」開啟序幕。

整個過程都維持著這種隨和的氣氛。他會以評論的型態，偏題提到他自己的生活點滴，然後又突然戛然而止地回到當下該進行的測驗。這種轉換非常有趣。「你現在對於應急操舵有什麼看法？」在他結束談論一個與裝貨地點有關的教育性趣聞時，冷不防地這麼問。

我預先向他表示，我沒有在海上失去舵的經驗，但提出了兩個出於教科書的經典權宜作法範例。在意見交換當中，他向我描述了，幾年前他在擔任一艘三千噸輪船船長時，發明的一種應急操舵。

我表示那是我能想像到的最聰明發明。

「哪天你一定用得到，」他做出了這樣的結論。「你不久也會上輪船。每個人都會上輪船。」

他的這個論點並不正確。我從來沒有上過輪船——沒有真正的上過。如果活得夠久，我一定會成為一個已經結束的野蠻時代怪異遺跡，一件駭人聽聞的古董，黑暗時唯一一個從未上過輪船的水手——沒有真正的上過。

測試結束前，他告訴了我幾個克里米亞戰爭期間，提供運輸服務的趣事內幕。「鋼纜索具使用的普及大概也就在那個時候，」他這麼說。「當時我還是個非常年輕的船長。那是你出生之前的事了。」

「是的，先生。我是一八五七年出生。」

「兵變之年（the Mutiny year）[39]，」他這樣評論，就像是在自言自語，然後又以較大的聲量補充提到，當時他的船在政府特許的情況下，受僱於政府提供服務。

運輸服務顯然是這位考官的重點，他出乎意料地將他經歷中的深刻見解，都提供給我參考，讓我意識到，自己從外面的世界踏進海上生活的連續性；他還在這種公務關係中，增添了一絲人情味。我感覺到了歸屬感。他的經驗給了我相同的感覺，對我來說，他就像是我的先輩。

當他在一張藍色的紙上，費力且小心翼翼地寫著我長長的姓氏時（總共有十二個字母）[40]，這位考官開口說：「你是波蘭裔。」

「波蘭出生。先生。」

他放下了筆，身子往後靠，看著我，就像他從來沒有見過我似的。

「我想，我們這行的波蘭人不多。不論是在海上，還是離開海上以後，我不記得自己曾經碰到過波蘭人，也不記得曾聽過有波蘭人在我們這行。你來自內陸，是嗎？」

我回答是——非常內陸。我們離海非常遠，不僅僅因為地理位置，也因為我們不是貿易國家，我們是一個全然的農業國，因此與海完全缺乏間接關係。他當時做出了很奇怪的反應，他說「要開始海上生活，我還需要走出很長一段的路」，就像是在

39. 兵變之年（the Mutiny year）：指的是印度在一八五七～一八五八年間，反抗代表英國統治印度的英屬東印度公司（British East India Company）民族起義事件，歷史上對於這起事件的名稱不一，包括印度兵變（the Indian Mutiny）、大革命（the Great Rebellion）、第一次印度獨立戰爭（the First War of Independence）等。

40. 指的是他的波蘭本姓Korzeniowski。

說，海上生活並不完全是一種離家很遠的生活似的。

我笑著對他說，毫無疑問，我一定可以找到一艘離我故鄉比較近的船。但是我心裡卻想著：如果要成為水手，就要當個英國水手，不做其他選擇。這是一件刻意選擇的事情。

他輕輕地對我的答案點點頭，然後面帶疑問的表情繼續注視著我。我細說了一些事情，承認曾經在地中海與西印度群島的路上多花了點時間。我無意在當時那種經驗不足的狀態下，在英國海上貿易業露面。我的神祕使命感是如此的強烈，以致於必須要到海上尋找刺激，但這些事情對他說，也沒用。這就是事實，只是我擔心他不會理解，我想出海的這種異常心理狀態。

「我想，你從來沒有在海上碰過你的同胞吧，有嗎？」

我承認從來沒有。這位考官已經放任自己進入八卦閒扯的心態了。至於我，也沒有急著要離開考場。我一點不急。測驗階段已經結束，之後我不會再見到這個曾經是我專業先輩的友善之人，就像是這一行裡的老祖父。再說，我必須等到他讓我離開，而他一點都沒有透露出這樣的意圖。當他繼續沉默地看著我時，我補充地說：「不過幾年前，我聽說過一個人。他在一艘利物浦船上服務的時候，好像是船上的服務生，如果我沒弄錯的話。」

「他叫什麼名字？」

我把那個人的名字告訴了這位考官。

「他的名字怎麼念？」他問，怪異的發音讓他眼睛都皺在了一起。

我用非常清楚的發音，重複念了一遍那個名字。

「怎麼拼？」

我告訴他如何拼。這個名字難以發音的特性，讓他搖了搖頭，並說，「跟你一樣很長的名字啊，對不對？」

一點都不急。我已通過了船長的考試。餘生盡在眼前，可以善加利用，而餘生似乎還有很長的時間。我在腦子裡悠哉地稍微心算了一下，並說：「不盡然，他的名字比我少了兩個字母，先生。」

「是嗎？」考官把他簽好的藍紙，從桌子上推過來給我，然後從他的椅子上起身。不知道為什麼，但是感覺上，這樣結束我們兩人的關係，似乎顯得非常突然。與這位優秀的人分別，幾乎讓我有點難過，他在海洋的低語還沒有來到我的搖籃之前，就已經是一位船長了。他主動伸出了手，祝我一切順遂。他甚至走了幾步，送我到門邊，以善意的建議，結束了我們的緣分。

「我不知道你的計畫是什麼樣子，但是你應該要上輪船。拿到船長證，就是上船的好時機。如果我是你，我會選擇上輪船。」

我向他表達了感謝，關上身後的門，明確的終結了測試階段。

但是這次，我並沒有如前兩次那樣興奮的走在街上，我數著自己的腳步，走過許多人斷頭之處的山丘。我對自己說，我現在毫無疑問的，已是個具有船長資格的英國船長了，這是事實。我並不是對自己這個小小的成就，產生了浮誇的感覺，而是具備了這樣的資格後，運氣、機會或任何不相關的影響，都不再能夠發生任何作用。這件事本身就是令人滿足卻鮮為人知的事實，對我來說，具有一定程度的理想重要性。針對某些直言不諱的質疑，甚至一些非常不友善的誹謗，這個事實就是解決之道。我以自身能力平反了他人說我是愚蠢的固執傢伙，或異想天開的任性鬼這類說法。我不是說全國都因為我要出海的期望，而感到驚恐。然而當年對一個相當敏感的十五、六歲男孩而言，憑良心說，出現在他那個小小世界裡的騷動，看起來確實是非常嚴重的一件事。

荒謬的是，當初那些騷動的嚴重程度，時至今日依然揮之不去。我發現自己獨處了好幾個小時，想起了三十五年前，面對的那些爭論與指控的聲音，如今已成了永恆不動的存在；他們說受到抨擊的孩子，永遠也找不到他要追尋的東西，因為他自己的衝動本身就神祕難解。

相較於那些要求我解釋自己是怎麼回事的人，其實我對自己的瞭解並沒有比他們更多，因為前無來者。在與我相同國籍、相同出身背景的男孩當中，我很肯定的相信自己應該是唯一的一個，也可以說，我跳出了自己的種族環境與關係。

大家必須要瞭解，在我的召喚使命中，根本沒有「職業」這個概念。俄國人或德國人肯定有職業的想法。國籍、歷史背景，讓我們不可能產生這樣的概念。大家對於奧地利軍隊的反感沒有那麼嚴重，我敢說當時如果是要找門路進入位於普拉（Pola）[41]的海軍學校，絕對沒有難度。若進入那所軍校，或許要多花六個月打磨德語，而且我尚未超過入學年齡，其他方面的資格也都符合要求。大家都認為這個緩兵之計，可以緩解我的愚蠢行為——唯獨我並不這麼想。

41. 普拉（Pola）：位於克羅埃西亞西北部伊斯特拉半島（Istrian peninsula）南角的海港，當地名為Pula。

我必須承認在這件事情上，大家立即接受了我的拒絕。即使是對我最有敵意的批評者，也能理解那種情感上的要求。沒有人要我解釋拒絕的原因；但事實是，從我的觀點來看，我要的不是海軍事業，我要的是大海。除了法國，我似乎沒有其他方法可以達成這個目的。不管怎麼樣，我會說法文，而且在所有歐洲國家中，法國與波蘭的聯繫最頻繁。一開始，也有一些地方可以稍稍地照顧我一下。於是大人發出了信件，收到了回覆，安排了我動身前往馬賽。

馬賽有一個叫做索拉瑞（Solary）的傢伙，人很棒。他迂迴的透過各種法國管道打探消息，並好心的承諾，如果這個年輕人真心想要嘗試累得像狗的工作，他會幫忙找條不錯的船，當做年輕人開始的第一步。

我滿懷感激地看著大家為我做的所有準備，不發表自己的意見。但是我對最後一場測驗考官說的話——全是真話——「如果要成為水手，就要當個英國水手」的堅定決定，早已在我的腦中成型，不過當然是以波蘭語構築而成。我當時並不知道這句話的英文怎麼說。再說，我還是有足夠的機智，知道不要說出自己的目的比較好。已經有人覺得我精神有點不正常了，至少那些離我較遙遠的熟人都這麼認為。

最重要的事情是離開。

我把自己的信任，全託付在善心的索拉瑞寫給我舅舅的那封彬彬有禮的信上，不過他用的「累得像狗的工作」這個詞彙，還是把我小小地嚇了一跳。

說起這個索拉瑞（他名字是巴帕提斯廷〔Baptistin〕），我見到他本人時，發現他相當年輕，很帥，留著修剪得當的黑色短髯，氣色極佳，還有一雙盡顯開心的黑眼睛。他的爽朗與和善，是任何男孩都會希望擁有的特質。

途經維也納、蘇黎世、里昂的旅程，把我累壞了。在鄰近老港口碼頭的一家樸實飯店房間裡，我依然昏昏欲睡。索拉瑞卻突然出現，猛地拉起了百葉窗，不但迎進了普羅旺斯的陽光，還精神旺盛的斥責我賴在床上。他鬧烘烘的譴責，要我立即起身，出發去參與南部海域的「三年」征戰，實在讓我驚喜萬分。

噢，那些神奇字眼啊！「Une campagne de trois ans dans les mers du sud」——這句法文的意思就是，為期三年的深海航程。索拉瑞讓我開心的清醒，而他的友善也是取之不竭，不過我擔心他在幫我找船這件事情上，心態並不是很嚴肅。他曾經跑過船，後來發現可以在岸上用更愜意的方式養活自己，因此二十五歲就離開了海上。

在馬賽，特定階層與他有親戚關係的富裕家庭，多到難以想像。他的一位叔叔是聲譽很好的船舶經紀人，在英國船舶業有非常廣的人脈。他還有其他親戚經營船舶備品店、擁有修帆區、銷售鏈條與錨，也有人是碼頭裝卸工的負責人、捻船師傅、造船師傅等等。

索拉瑞的祖父（我想應該是這樣）是引水人代表，屬於某一類的達官貴人。我與這些人結識，主要是引水人。有生以來，我第一次整天待在海上，是在一個有霧有風的天候中，受邀登上一艘船帆全收了起來的大型半甲板領航船。這艘領航船的任務，是在附近的礁石區巡航，監看被風吹亂的海平線上，被細長的白色普蘭尼爾燈塔（Planier lighthouse）所垂直切出的那道線條外，升起的船帆以及輪船的煙霧。領航船上壯實的普羅旺斯水手，全都熱情好客。

我以巴帕提斯廷小友的名義，成了引水人組織的客人，擁有日夜隨時可以登船的自由。而我也真的花了許多個日與夜，和這些友善的糙漢子一起巡航，並在他們的保護下，開啟了我與大海的親密關係。當躲在城堡背風處的「巴帕提斯廷的小友」，在夜間蠢蠢地監看著船隻燈光時，許多次都有人伸出他們剛正的手，把地中海水手的連帽斗蓬套在他的身上。這群人被海上驕陽曬黑的臉，不論是留著鬍子或刮得乾乾淨淨，不論削瘦還是圓潤，都有雙領港族群特有的專注以及被皺紋刻畫的海洋之眼，一對毛茸茸的耳朵，不時還會出現一隻掛著圈型金耳環的耳垂，他們照拂著我嬰兒期的海洋生活。

第一次有機會觀察輪船運作，就是在任何時間、任何天候都可以登船的海上領航船。引水人全都真摯的傾心相待。我受到不止一家的邀請，到他們位於老城區又高又暗的房子裡作客，享受他們熱情招待的餐飲，讓他們高嗓寬眉的妻子用大杓將馬賽魚湯舀到厚實盤子裡，與他們的女兒們聊天。這些女孩都有著粗壯的體格、純淨的輪廓以及各種複雜手法梳理的美麗濃密黑髮，暗色的眼睛，以及令人炫目的潔白牙齒。

我另外還有一批與他們很不一樣的朋友。其中有位風格莊嚴而優雅的戴勒斯唐格女士（Madame Delestang），傲慢而美麗，會在當時時興的兜風時刻，不時地讓我坐在她的馬車前座，帶我去參觀普拉多博物館（Prado）。她出身於南方一個古貴族家庭。她高傲的疲態，總是讓我聯想起狄更斯《荒涼山莊》（*Bleak House*）中的戴洛克夫人（Lady Dedlock）。我對大師的這部作品欽佩至極，或者應該說是強烈而毫無理性的喜愛，而且時間可以回溯到我的童年時期，作品本身的缺點，對我來說，遠比其他人作品的長處更令我珍惜。我閱讀過無數次《荒涼山莊》，波蘭文與英文都有；前幾天才剛剛又讀過，其中一個並不是太令人驚訝的轉化，就是書中的戴洛克夫人再次讓我強烈的聯想到「美人戴勒斯唐格女士」。

戴勒斯唐格女士的丈夫（我坐在他們夫妻的對面）有著單薄、骨感的鼻子，毫無血色的窄臉，就像是被中規中矩的短側鬚擠到了一塊兒，與萊斯特·戴德洛克爵士（Sir Leicester Dedlock）「高貴的氣質」、溫文儒雅的莊重完全搭不上邊。他只是資產階級上層出身，是位銀行家，在他的協助下，我有了一筆可以支應需求的小額貸款。他是如此一位熱心，不對，是如此一位態度冷淡、木乃伊般的保皇黨。他在現代對話時使用的語彙，我想，大概都屬於好皇帝亨利四世時代的用詞。在談到與金錢相關的事物時，他也不像大革命後無神論的普通法國人，以法郎為單位，而是用早已過時、遭到遺忘的埃居（écu）為基礎——全世界各種貨幣，竟然是埃居！——就像路易四世仍在凡爾賽宮花園的皇家恢宏環境中散步，而柯爾貝先生（Monsieur de Colbert）[42]依然在為海事議題大傷腦筋。

大家必須承認，十九世紀銀行家的習性都很離奇。幸運的是，會計室——在一條安靜陰暗街上的戴勒斯唐格城區宅邸內，佔據了部分的一樓空間——裡的帳務資料，都以現代貨幣登記，因此我在與銀行的行員溝通我的需求時，從來沒有碰到過問題。這些銀行員嚴肅、聲音低沉、端莊又正統（我想應該是這樣吧），坐在深色古老的櫃台後，頭上是高高的天花板以及用模具生產出來的厚重簷口，窗子則是加了大量的防護鐵條，室內呈現永恆的昏暗。去銀行總是會讓我覺得似乎置身在一座非常莊嚴，卻又絕對世俗的寺廟中。

一般都是在這樣的場合，在專供馬車進出的宏偉大門下，戴勒斯唐格夫……我是說戴勒斯唐格女士，總是能認出我舉起的帽子，然後以一種和藹可親的傲慢姿態，示意我到馬車邊，愉快又若無其事地建議，「跟我們一起出去走走吧」，她的丈夫這時就會在一旁鼓勵地補充說，「是啊。來吧、來吧，年輕人」。

他有好幾次頗有深意地問了我一些問題，但是態度非常有分寸，精妙的問話技巧也堪稱完美。他的問題——諸如我如何利用自己的時間等等，但是始終不會漏掉表達他的期待，希望我可以常常寫信給我那位「令人尊敬的舅舅」。我毫無保留的說明了自己如何安排時間，而且很高興自己平鋪直敘的引水人趣事，以及其他種種的故事，讓戴勒斯唐格女士聽得很開心。那是一個年輕男子從陌生人的圈子與各種陌生感覺中，收穫了滿滿的新鮮經驗後，用喋喋不休的敘述，讓這位言語難以形容的女士開心

42. 尚-巴蒂斯特・柯爾貝：一六一九～一六八三，法國政治人物，曾任財政大臣和海軍國務大臣。

的最高程度。她從來不表達意見，也很少與我對話，但是她的面容身影，卻以一段轉瞬即逝的短暫插曲，牢牢存掛在我個人的記憶畫廊中。

某天，她在一個街角讓我下車後，伸出手握住了我的手，而且握手的力道稍稍重了一些，讓我停留了一會兒。當時她的丈夫一動也不動地坐在自己的位子上，眼睛直視前方。戴勒斯唐格女士在馬車裡向前傾身，悠閒的語調中帶了一絲警告的意味對我說：「無論如何，你一定要謹慎，絕對不能毀了自己的生活。」

之前，我從未如此靠近過她的臉。她讓我的心跳加快，而且整個晚上都在思考著她的話。再怎麼說，一個人都一定會小心翼翼地不去糟蹋自己的生活啊。只不過她並不知道——沒有人知道——在我眼中，這樣的危險似乎根本不可能發生。

第七章

引用政治經濟相關作品中的一段嚴肅內容，初戀的心醉感覺是否就能在冷靜與檢視之後，變成對未來的冷漠質疑？可能嗎？這樣的轉變對嗎？我的雙腳正站在海邊的沙灘上，準備要擁抱自己的純真大夢，一句毀掉生活的善意警告，對我青春的熱情具有什麼樣的意義？

眾人給予我的許多警告中，這實在是最意料之外，也是我最不願意聽到的一句。這句警告聽起來非常不尋常，而且與我心中極具魅力的女子同時出現，就像聲音裡盡顯我的愚蠢與無知。不過我並沒有麻木不仁，或愚蠢到聽不出來聲音裡的善意。於是這句警語中的語焉不詳——這句話是什麼意思：毀了一個人的生活？——就這樣以其睿智的深刻性引起了我的注意。

不管怎麼說，一如之前所述，美女戴勒斯唐格女士的話，讓我想了一整個晚上。我努力掙扎的想要理解，卻不得其門而入。生活就像是企業，會如何被自己管理不當，我完全沒有概念。午夜將臨，我不再執著於這個問題的思考，因為在這個時刻，我既沒有受到揮之不去的過去記憶騷擾，也沒有為未來前景擔憂，我沿著馬賽舊港（Vieux Port）的碼頭走，正要登上朋友們的領港船。我知道那艘船等待船員的位置，就在入港處的堡壘後，佔據了運河裡一點點的地方。已棄用的碼頭，在月光下顯得蒼白而乾涸，而那個十二月夜晚的刺骨寒氣下，碼頭更彷彿遭到了冰封。有一、兩個人鬼鬼祟祟地無聲走動徘徊；一名身側配劍、猶如軍人的海關警衛，在一長排接近靠港船隻的船首斜桅下踱著步，船頭面對著許多高大屋舍外有些彎曲但連成了一片的平牆。那些屋舍看起來像是一大片廢棄建築，數不清的窗子全緊緊關閉。只有專門為水手開設的零星破舊咖啡館，在閃著藍色光澤的石板路上，投射著泛黃的微光。經過這樣的咖啡館時，只能聽到裡面沉沉的低語聲——再無其他。

以馬賽引水人客人身分，最後一次進行巡航的這個夜晚，碼頭盡頭萬物萬籟俱寂。除了自己的腳步聲外，我的耳中沒有任何腳步聲、嘆息聲，也沒有舊城區那些一言難盡的狹窄巷弄內，經常會傳出的縱酒作樂竊竊回音。突然之間，一陣美妙的鐵器與玻璃叮噹作響，當日最後一趟的若利耶特區（the Jolliette）公共馬車轉過了實牆的牆角，那面牆隔著小石板鋪設而成的道路，與獨樹一格、有稜有角的聖讓堡（Fort St.

Jean）對望。三匹馬並排在路上跑著，馬蹄踏在花崗岩小石板上，發出了喀喀聲響。那輛有趣的黃色車廂，在三匹馬的身後劇烈晃動，非比尋常、燈火通明，卻空無一人。在這樣驚人的噪音之下，坐在搖搖晃晃車座上的馬夫，顯然睡著了。

我整個人緊貼著牆面，大口喘著氣。這實在是一次嚇人的經驗。之後，我雙腳虛浮地踩著聖讓堡的陰影又走了幾步，那晚堡壘在運河上投下的暗影，遠比任何一個陰雲密布的晚上更黑。我看到了立在碼頭上的一盞路燈發出的微弱光線，而到了這個時候，也才注意到從各個方向朝著碼頭而去的人影，每個人都被衣帽裹得嚴嚴實實。第三隊的引水人加速登船。大家都睡意濃厚，懶得說話，全都安靜的上了船，但不時仍會聽到幾聲低沉的嘟囔與大大的哈欠。有人甚至對此突然大聲說：「噢！惡作劇的命運啊！」然後對自己的苦命發出了疲憊的嘆息。

第三隊的老闆（我記得當時有五家引水人公司）是我朋友索拉瑞（巴帕提斯廷）的姊夫，四十歲，寬肩厚胸，目光敏銳而坦率，總是在尋找對方的眼睛。他用一句低沉卻誠懇的「嗨，朋友。你好嗎？」招呼我。修剪整齊的鬍子、開闊的大臉，生氣勃勃卻平和的表情，簡直讓他成了冷靜南方人的活標本。因為就是這一種人，把南方人不穩定的熱情，轉化成了堅實的力量。他長得很帥，就算是在碼頭路燈的昏暗光線下，也沒有人會把他誤認為北方人。十來個普通的諾曼人或不列塔尼人，都沒有他一個人重要。不過話說回來，在整個廣大的地中海沿岸，也找不足六個具備他這種特性的人。

站在舵柄位置上的他，從厚重的外套裡掏出了錶，襯著船上投射出來的燈光，低頭貼近了錶。時間到了。他令人愉悅的聲音，帶著一種安靜的基調，下令「解纜」。突然間有隻手臂飛了出來，快速摘下了碼頭上的燈籠——一開始沿著直線歪曲前進，然後隨著船頭例行的四次用力加速移動，這艘載滿人的大型半甲板船，這才滑出了令人喘不過氣的堡壘黑影。

外港的開闊水域，在月光下閃閃發光，就像在海面上釘縫了數百萬顆亮片，而船身破出的白色長長水痕，則像根厚實的純銀銀條。配合著船身各接合處快速的嘎嘎聲響與一聲絲滑的咻音，一道鋒利到足以將冰凍的月亮直劈而下的輕輕微風，吹飽了船帆，整艘船在重重拉扯的移動聲響之後，靜靜地立在了水面，被包圍在一陣神祕的低語當中，太過微弱的這陣低語不像出自俗世，只可能是明亮而強烈的月光，在像雨水那樣砸到堅硬、平滑又沒有影子的海面時，破碎的沙沙之聲。

我清楚記得與第三隊引水人共度的那個晚上。我已熟悉了月夜的魔力，因為有過多次不同的海上與海岸經驗，不論是森林海岸、礁石海岸，抑或沙丘海岸，但是沒有任何魔法在顯露其未知的特質時，可以如此完美，就像是我們得到了應允，可以一窺物質事物的奧祕本質。我想船上應該持續了好幾個小時的靜默。引水人面對面分坐兩排，交叉手臂，頭貼在胸前，全在打盹。大家戴著各式各樣的帽子：布質的、羊毛的、皮革的，豎起來的、有耳罩的、加了流蘇的，還有一兩頂古意盎然的貝雷帽，被拉到底直接蓋過眉毛。其中一位當了祖父的引水人，骨瘦如柴的臉上有一根斷了的大鼻子，鬍子剃得乾乾淨淨，他的連帽外套讓他在我們當中，看起來像個穿著蒙頭斗蓬的僧侶，正被一隊沉默的水手——安靜得猶如死人——帶去只有老天爺才知道的地方。

我的手指渴望握住舵柄。而就在時機成熟時，我的引水人公司老闆朋友把舵柄交給我負責，心態就和家裡的馬夫讓孩子在輕鬆行駛的路上握住韁繩一樣。

強烈的孤寂包圍著我們；前面的基督山（Monte Cristo）與城堡島（the Chateau）兩座小島，在明亮的月光下，似乎正在向著我們飄移而來——這表示我們正極為穩定地前進，讓人察覺不到船的行駛。

「讓船待在月溝中。」引水人公司老闆笨拙的坐在船艉凹艙地板上，一面伸手拿他的煙斗，一面用平靜的低聲指導著我。

在這樣的天候下，引水人站會設在小島西邊僅約一、兩哩處；很快地，當我們接近引水人站時，準備被替換的那艘船突然滑進了我們的視線中，這艘船在回程的路上，行駛在一片極黑的羽翼之下，將漆黑與不祥切開，把月光帶進了水面。對於這片水域而言，我們的船帆必然是一幅散發著耀眼光芒的白色影像。兩艘船都沒有改變航線，以不到一根槳長的毫釐之距，錯身而過。

對方的船有氣無力地發出了一聲蔑視的歡呼。之後，就像被施了法術那樣，我們船上所有正在打瞌睡的引水人，全都行動一致的立即站了起來，爆發出一陣令人難以置信的戲謔喧囂。滑稽、熱情而流暢的嘰嘰喳喳，一直持續到兩條船的船尾相對，這個時候，對方的船成了一片光亮，船帆閃到了我們的眼睛，而我們則在他們的視線中變得漆黑，進入了這片極黑的羽翼之下，離他們愈來愈遠。那陣匪夷所思的喧嘩幾乎如同開始般那樣，又突然地沉寂了下來；先是一個人覺得叫囂夠了，坐了下來，接著另一人也坐下，然後三、四個人再坐下；等到所有人都低聲竊笑地停止喧鬧後，發自內心的咯咯輕笑聲開始傳進耳中，持續不斷卻又沒人理會。那位像是穿著蒙頭斗蓬的祖父，在他的兜帽下，也自得其樂。

他之前並沒有加入大聲說笑的行列，也沒有移動半分。他一直靜靜地坐在靠著桅杆腳的那個位子上。我很早以前就知道他的位階相當於西元一八三〇年從法國土倫（Toulon）出發，長征阿爾及利亞艦隊的二等幹練水手（一般水手）。我確實也曾見識並仔細檢查過，他一件打了補丁的老舊棕色外套的鈕釦，在一堆雜七雜八鈕釦中唯一的一顆銅扣，又扁又薄，上面還刻了維修人員（Equipages de ligne）字樣。那樣的扣子，我相信他的確曾經隨著法國波旁王朝最後的幾任皇帝出征。

「這是我在海軍服役時留下來的東西。」他這麼解釋，脆弱猶如禿鷹的腦袋快速得點個不停。

這種扣子不太可能是他在街上可以隨便撿到的老東西。他的年紀看起來應該有資格參加特拉法加海戰（Bataille de Trafalgar），或者至少可以在那場海戰中，扮演在艦艇上搬火藥這類的小角色。

在別人介紹我們認識後不久，他就用他那一口沒有牙的下顎，顫顫抖抖地嘟囔著令人難懂的普羅旺斯法語，告訴我當他還是個「沒那麼高的少年」時，曾見過從厄爾巴島（Elba）返家的拿破崙大帝。

當時是晚上，他含糊地描述著，沒有一點兒生氣，地點是弗雷瑞斯（Frejus）和昂蒂布（Antibes）之間的空曠荒野。有人在十字路邊升起了一個大火。好幾個村子的村民都聚集在一起，不論老少，小到抱在懷裡的孩子也不例外，因為婦女全都拒絕待在家中。高個子的士兵戴著高高的毛帽，圍成一個圈，沉默的面對民眾，他們堅定的眼神與強壯的肌肉，都足以讓所有的村民保持距離。而他，「身為一個肆無忌憚的小少年，」擠出了群眾圈，以跪趴的姿勢爬到了很近衛兵的腿邊，這已是他膽氣的極限了，然後在那些雖然已經發現了他，但依然直挺挺站立的士兵間，襯著火光朝裡偷看，「一個戴著三角帽的小個子胖傢伙，穿著一件扣子從頭扣到底的直筒長外套，蒼白的大臉斜向一邊的肩膀，看起來像個教士。他的雙手扣在背後……看起來這個人應該就是那位皇帝了。」老人家這麼說，配上了一聲輕微的嘆息。他當時趴在地上，用盡全力盯著拿破崙大帝，結果一直到處瘋狂找兒子的「我可憐的老爸」，跳上去抓住了他，擰著耳朵把他給拖走了。

這個故事似乎是可信的回憶。老人家曾多次對我訴說這段經歷，每次都是相同的描述。這位祖父用一種特殊且讓人有些尷尬的寵愛方式尊重我。極端總是會令人有所觸動。一直以來，他都是這群引水人中年紀最長的成員，而我，如果這麼說的話，則是引水人團體暫時領養的小寶寶。老人家當引水人的時間，長到連船上的其他人都記不起來有多久了，三十、四十年，連他自己似乎都不太確定。不過還是可以找到答案，他說去引水人辦公室看歷史文件就知道了。

其實幾年前，他已經開始領退休金了，但是習慣使然，他依舊出海。我的公司老闆朋友也曾私下低聲對我透露：「老傢伙無害。他一點都不礙事。」大體來說，大家對他還算尊重，總是會有一、兩個人不時和他說些無關緊要的話，但是沒有人真正在乎他想要說的話。他的實力、用處，個人的智慧依舊存在。他腳上那雙綠色的精紡長毛襪，套在褲子外，並拉高到膝蓋處；頭上戴著一頂羊毛寢帽，遮住了已經沒有頭髮的顱骨；腳下踩著一雙木底鞋，沒戴兜帽的時候，看起來像農民。他上船時，至少會有三雙手伸出來要拉他一把，不過上船後，他幾乎就是不受打擾的沉浸在他自己的世界中了。當然他從來不做任何工作，可能除了有人要他丟下繩索時大喊，「**喂，老頭子！**放開你手上那條升降索」——或者其他這類的舉手之勞。

絲毫沒有人注意到兜帽中那個影子的竊笑，老人家極度享受地笑了很長一段時間。顯然他一直把他那顆輕易就能被逗樂的純真心靈，保持得很完整。當歡鬧的心情消耗殆盡時，他又會以一種獨斷專行卻又顫抖的聲音，說出一句內行人的話：「這樣的夜晚大概不會有多少工作。」

沒有人接話。這是件不言而喻的事情。在這樣一個如夢似幻、讓心靈平靜的閒散夜晚，沒有人會期待有船舶會張帆入港。我們得無所事事的在水面上滑來滑去，將我們的引水人站維持在指定的範圍內，而且除非清新的微風隨著破曉湧現，否則我們要在太陽升起前，駛到距離我們不到兩哩的一座猶如一團結凍月光的小島靠岸，去「休息休息，開瓶酒」。我對這樣的程序很熟悉。結構牢固的船，等引水人全下船後，會憑藉自己的浮力，棲息在水面，動力那面的船體側靠著岩石——這是在大海處於溫和情緒時，所呈現出來完美平順又宜人的典型海象。當大夥兒上岸休息，並下肚了一口酒後——這群飲酒很有節制的人就真的無事可做了——他們為了打發時間，會在海鹽石板上跺著腳或用手指吹口哨。

一、兩個不愛交際的人會離群索坐，待在大石頭上，像隻習慣孤獨的人形海鳥；愛交際的人則是三兩成群的比手畫腳，不太體面地交換著八卦。另外總還會有一、兩位曾經邀請我去他家作客的引水人，用望遠鏡長長的黃銅管筒，瞄準空曠的地平線。這架沉重而且看起來殺氣騰騰的望遠鏡，屬於大家的共有財產，永遠都在不同的人手上揮動與調整。

到了大概正午的時間（這次的值班期間很短——長班的時間是二十四小時），另一艘船的引水人會來替換我們——這時我們就會開著船，朝著古老的腓尼基港而去。這個海港一直以來，都受到佔著制高位置、聳立於一座灰噗噗不毛山丘上，紅白條紋宏偉建築物守護聖母聖殿（the Notre Dame de la Garde）的掌控與照護。

這一切都如預見那般，出現在我近期的親身經驗中。然而還有一些我沒有預見到的事情也發生了，那些事情讓我想起了最後一次與引水人出航的情景。就是在那次的出航中，我有生以來第一次用手觸碰到了一艘英國船的船身。

當時破曉已至，但清新的微風並沒有跟著出現，只有穩定卻輕微的對流風，在東方天際隨著乾淨無色的光線照耀得愈來愈明亮之際，變得益加鋒利。我們所有人都還在小島的陸地上時，望遠鏡捕捉到了一艘輪船，在海面輪廓分明的邊際上，勾勒出一個像是昆蟲般的黑點。這艘船吃水線以上的船身很快就出現在眼前，而且在平穩的前進，船體纖細，船上一條長煙，斜斜地偏離了東升的太陽。大夥兒匆忙登上我們的引水人船，出航去尋找我們的獵物，不過我們的船一個小時也移動不到三哩。

那是艘很大的高級貨輪，現在在海上已經看不到這類型的船了，黑色的船身，低矮的白色上層結構，強而有力的船帆，配上了三根桅杆，船頭還有許多帆桁；巨大的船舵處有兩個人。當然，現在蒸汽操舵裝置早已不算回事。船橋上還有另外三個人，全都是大塊頭，身穿厚實的藍色外套，凍得通紅的臉被遮得嚴嚴實實，他們頭上戴著報童帽——我猜這三個人應該都是船副。有些船我見過不止一次，只要看到就認得，但不會記得船名，然而這麼多年過去，在那個寒冷蒼白的日出時分，只見過一次的那艘船船名，我卻始終牢記。怎麼可能忘記呢——有生以來第一艘我親手觸碰過船身側邊的英國船！船名，我一個字母一個字母地念著船頭上的那個名字——「詹姆斯·威特托爾號」（James Westoll）。讀者們大概會說，那是個不太浪漫的名字。但是我相信那是一位相當重要、知名，而且備受大眾敬重的北國船東。詹姆斯·威特托爾！對一艘體面、工作努力的船來說，還有什麼比這個更好的名字呢？當我看到那艘船一動也不動地浮在海面上，並從光線的質樸純淨中，套用了完美的優雅這個概念時，那些字母的組合，就以一種浪漫的情緒鮮活了起來。

當時我們離那艘船很近，在一股突如其來的衝動之下，我自願承接小艇上拉住船頭的工作。小艇在送引水人登船後，必須立即離開，而我們那艘整夜都受到微風輕拂的船，在小艇執行任務期間，則是繼續輕輕地滑過那艘船體黝黑、發光的船。我們的小艇划了幾下後，就與那艘船並肩了，也就在這個時候，我這輩子第一次聽到自己開口說英文——這是我偷偷選擇的語言、我未來的語言、維持了長期交情與最深愛的語言，是讓我艱難學習過無數個小時、悠然自在過無數個小時，以及陪我度過無數個孤獨小時的語言。也是我閱讀過的許多書籍、追究過的許多想法，以及記得的各種情感起伏的語言——更是我夢之所在的語言。如果——在經過英文如此塑造了之後，我所留下來的那個不會腐朽的部分——我沒有膽子大聲宣告英文是我自己的語言，那麼最起碼，英文會是我孩子們的語言。就是因為這些過程，這類的小事隨著時間的流逝，卻變成了忘不了的事情。至於那段英文的品質，我也不能說令人驚艷，因為內容實在過於簡短，沒有機會展現口才，而且缺乏腔調的魅力，那句精準涵蓋了四個字的句子，「小心這裡！」，以低啞的聲音從我頭上咆哮著送了出去。

引水人登船的整個過程，開始於一個高大的胖子，他有一個非常刺眼的毛茸茸雙下巴，穿著一件藍色的羊毛衫與一條拉到胸骨位置的極高腰寬鬆馬褲，褲子用一條明顯可見的吊帶固定。他站立的地方，沒有舷牆，只有船欄與支柱，我一眼就可以看清楚他從腳到帽頂的龐大身軀。他的大頭上戴著一頂猶如怪異高冠的圓錐黑色軟帽。這名艙面水手——我猜他應該是艙面水手，很可能是司燈水手——的怪異與巨大，讓我非常吃驚。我為了海洋所做的閱讀，所有的夢想與渴望，並沒有讓我做足準備面對這種類型的海上兄弟。

在那之後，除了W．W．雅各斯先生（W. W. Jacobs）[43]極有趣的駁船與沿岸貿易船舶故事的相關插畫外，我再也沒有遇到過與這名水手有絲毫相似的船員了。然而雅各斯先生透過散文不停取笑可憐又無辜水手的才能，不論在他歡樂的創意當中，散文內容有多麼麼浮誇，他的文字一直都在為了符合觀察到的事實，而進行藝術性調整，他得到啟發的才華在表現上，始終不到位。或許是雅各斯先生本人力有未逮吧。如果他曾逗得他的護士哈哈大笑，我想那應該就是他早期的最大成就了。

也因此，我要再說一遍，除去自己其他的缺失外，我也沒有準備好面對這樣高大健壯的老海豚。對方簡潔的話語，提醒我注意，他草率丟出來要我接住的一條繩子。我抓住了，但其實這根繩子並非絕對必要，因為在那個時候，根本就沒有其他的登船方式。之後，一切都進行得非常快速。我們的小艇經過了輕微的顛簸後，駛靠在輪船旁，引水人抓住繩梯，手腳並用地已經爬完了一半的距離，我才幡然醒悟我們已完成了護送引水人登船的工作。引擎室巨大沉悶的鏗鏘聲，穿過鐵板傳過來，震擊著我的耳朵，同時小艇上的同伴正催促著我「撤開——用力推」；當我擊打著這艘有生以來第一次碰觸到的英國船平滑的側邊時，我感覺到船在我張開的手掌中震動。

船頭稍稍朝西擺動，直向若利耶特區的防波堤小燈塔方向而去，位於遠處的若利耶特區防波堤，幾乎分不清是陸地還是海水。大船的尾流壓制並沖刷著我們的小艇，小艇在上下跳動的同時，噴濺的海水也兜頭淋下。我回到自己的座位後，目光緊緊追著「詹姆斯．威特托爾號」不放。由於港口對進港與離港的船隻都有規定，因此那艘船走不到四分之一哩的距離時，就豎起了他的旗幟。我看到那面旗突然擺動起來，在旗桿上飄揚。是紅船旗（Red Ensign）[44]！

那天在寒冷日出之時的清澈無色大氣中，沐浴著明淨的淺藍色穹蒼、青灰色小島、整片海洋明淨的淺藍，以及大塊大塊單調與灰色的南方陸地，就目光所及，那面旗幟是唯一的熱情色彩所在——猶如火焰般強烈，轉眼間又精緻得像是一把熊熊大火在水晶球清澈的中心點燃後，集中反射成的紅色微小火花。那面紅船旗，是投向廣袤

43. 雅各斯（William Wymark Jacobs）：一八六三～一九四三，英國短篇小說家與劇作家，最著名的短篇小說作品為《猴爪》（*the Monkey's Paw*）。英國出版商薩德立爾（Michael Sadleir）曾說雅各斯的短篇小說內容有三類：水手上岸後的倒楣遭遇、反應遲鈍的鄉下村民如何巧妙地躲災避禍，以及令人毛骨悚然的故事。

44. 紅船旗（Red Ensign）：英國的商船旗，一八五四年英國的商船法案（The Merchant Shipping Act）規定紅船旗為英國商船所用的旗幟。

海洋上具象徵、保護與溫暖意味的彩旗，也是注定在如此多年的時間裡，我頭上唯一的一片屋頂。

國家圖書館出版品預行編目資料

康拉德手札 / 約瑟夫・康拉德(Joseph Conrad)著；麥慧芬譯. -- 初版. -- 臺北市：商周出版：英屬蓋曼群島商家庭傳媒股份有限公司城邦分公司發行, 2024.07
面； 公分. -- (商周經典名著)
譯自：A personal record
ISBN 978-626-390-198-8 (平裝)
1.CST: 康拉德(Conrad, Joseph, 1857-1924) 2.CST: 傳記
784.18　　113009107

線上版讀者回函卡

商周經典名著 74

康拉德手札（首度繁體中文版）*A Personal Record*

作　　者／約瑟夫・康拉德 Joseph Conrad
翻　　譯／麥慧芬
企劃選書／黃靖卉
責任編輯／彭子宸

版　　權／吳亭儀、江欣瑜
行銷業務／周佑潔、賴玉嵐、林詩富、吳藝佳、吳淑華
總 編 輯／黃靖卉
總 經 理／彭之琬
第一事業群總經理／黃淑貞
發 行 人／何飛鵬
法律顧問／元禾法律事務所 王子文律師
出　　版／商周出版
台北市115南港區昆陽街16號4樓
電話：(02) 25007008　傳真：(02)25007759
blog: http://bwp25007008.pixnet.net/blog
E-mail：bwp.service@cite.com.tw
發　　行／英屬蓋曼群島商家庭傳媒股份有限公司城邦分公司
台北市115南港區昆陽街16號8樓
書虫客服服務專線：02-25007718；25007719
24小時傳真專線：02-25001990；25001991
服務時間：週一至週五上午09:30-12:00；下午13:30-17:00
劃撥帳號：19863813；戶名：書虫股份有限公司
讀者服務信箱：service@readingclub.com.tw
城邦讀書花園 www.cite.com.tw
香港發行所／城邦（香港）出版集團
香港九龍土瓜灣土瓜灣道86號順聯工業大廈6樓A室
E-mail：hkcite@biznetvigator.com
電話：(852) 25086231　傳真：(852) 25789337
馬新發行所／城邦（馬新）出版集團【Cite (M) Sdn Bhd】
41, Jalan Radin Anum, Bandar Baru Sri Petaling, 57000 Kuala Lumpur, Malaysia.
電話：(603) 90563833　傳真：(603) 90576622　Email：services@cite.my

封面設計／廖韡
排版設計／芯澤有限公司
印　　刷／韋懋實業有限公司
經 銷 商／聯合發行股份有限公司
新北市231新店區寶橋路235巷6弄6號2樓電話：(02) 29178022　傳真：(02) 29110053

■2024年7月30日初版一刷
Printed in Taiwan
定價320元

ISBN 978-626-390-198-8　　eISBN 9786263901964（EPUB）

Printed in Taiwan

城邦讀書花園
www.cite.com.tw